2023年
野蛮の時代

米中激突第２幕後の世界

外交政策センター［編］
川上高司・石澤靖治・蟹瀬誠一［編著］

創成社

はじめに

「野蛮な時代」をどう生き残るか―日本国民の試練の時代

ウクライナ戦争を契機として歴史は急に加速度化しはじめ、人類はルールをなくした「野蛮の世紀」（歴史学者デルペシュ）に後戻りしはじめた。

そして我々は、瞬時に物事が逆転するグレートリセットに直面し、認知科学的な視点から現象を分析せねば、時代の趨勢を見誤り致命傷となる時代に入った。例えば、ウクライナ戦争でロシアという超大国がその地位を失う状況を誰が予測しえたであろうか。また、中国がアメリカにとってかわろうとする大国間競争の時代を目の当たりにして、今や何が起こっても不思議ではない。

現在、ＡＩ（人工知能）やナノテクノロジーなどが発展し、社会がグレードアップし未来型世界へと移行している。戦い方や戦場も今や、陸海空の３次元の世界から宇宙、サイバーといった４次元、５次元の世界へと拡散していっている。特にウクライナ戦争では、中国では超限戦と呼ばれる。また、それ以外の領域では、認知、情報、金融といったオールドメイン（全領域）での戦いが行われている。

今後は、ゲームチェンジャーが多数現れ、シンギュラリティ現象（垂直的飛躍）が起こり、世界が大きく変化する。それが、ブラックスワンかホワイトスワンになるかは各国の判断と行動に任せられる。

国家で言えば、ゲームチェンジャーは中国であり、ウクライナ戦争で中国がロシアと手を組む様相が次第に濃くなってきている。そうなれば現在の欧米覇権体制は終わりをつげる。世界は中露を中心とする「権威主義同盟」と米欧を中心とする「民主主義同盟」に二分され新たな「冷戦」が復活する。その結果、世界はあらゆる領域で分断され、日本は中国、ロシア、北朝鮮からの三正面からの攻撃対象となり、わが国は戦場となり、戦後最大の危機に直面することになろう。「今日のウクライナ」は「明日の台湾」となりかねず、台湾をめぐりアメリカがウクライナ型戦争をした場合、日本は戦場となる可能性が十分高くなる。アメリカのみに依存すれば、日本は崩壊する事態に直面している。

いわゆる「黒船」が押し寄せた江戸末期に匹敵する事態である。明治維新という偉業を成し遂げ、日本は近代国家として生まれかわり「世界の日本となった」。今、社会のシンギュラリティのみならず、世界政治のシンギュラリティとなる大きな津波が日本全土をそして国民を飲み込もうとしている。今、現在、日本は確かな「海図」も船頭もいない状況で「日本丸」は漂っている状況である。

このような危機を目前にし、今、我々は日本生き残りのために外交政策を根底から見直さねばならない。

２０２１年のコロナ危機、22年のウクライナ戦争、そして23年は台湾危機となる可能性が高い。中国では習近平が第三期目にはいることとなり、台湾の併合が「起こるかどうか」ではなく、「いつ起こるか」の問題となった。一方、アメリカでは中間選挙でバイデンの属する民主党が上院を、下院を共和党が制した。このことにより、アメリカは分裂し、事実上、バイデン政権は運営が難しくなった。それと同時に、２０２４年の米大統領選挙が事実上スタートした。

であるならば、中国からみれば、レームダック化したバイデン政権の間が台湾攻略のチャンスかもしれない。また、バイデン政権からするならば、ウクライナ戦争でプーチン政権を弱体化させたという実績をもって、今度は台湾危機を千載一遇のチャンスとして習近平政権を叩きにでるかもしれない。そうなれば、中国に対してアレルギーを持つアメリカ国民の政権に対する支持率は回復し、次の大統領選挙で有利に戦えることになると考えるかもしれない。もし、中国の国力を低下させることができれば、アメリカが民主主義同盟の覇者として今後も君臨できることになる。

その場合、アメリカは「ウクライナ型戦争」、すなわち、軍事力は行使しないが、すべてのドメイン（領域）を使い中国と戦うと考えられる。その場合、ウクライナ戦争でポーランドが戦地への武器や食料の中継基地となったように、今度は台湾に対する事前集積基地が日本となろう。

その場合、どのような役割を日本は担うことになるであろうか。それには、シミュレーションにもとづくシナリオシンキング（仮説にもとづく推測）が必要となる。この戦略のたて方は、アメリカで一番古い研究所であるＲＡＮＤ研究所が開発したウォー・ゲーム（戦争ゲーム）からきているといわれる。日本でもシミュレーション・ゲームがようやく定着しようとしているが、欧米の政府やシンクタンク（研究所）では日常茶飯事に行われている。「台湾危機」のシミュレーションは海外の研究所ではかなり以前からやられていて、私も防衛研究所やＲＡＮＤ研究所などで多数参加した。しかし、台湾危機のシミュレーションに関しては、米欧の観点にたったシナリオであり、事実上のウォー・ゲームである。数年前のＲＡＮＤ研究所のシナリオでは、「あまりにも米軍の犠牲が多くなるので、台湾危機には関与すべきではない」との結論を出している。また、ＣＳＩＳ（アメリカ際戦略研究所）のシナリオでは、「米中軍事衝突の場合はアメリカが辛勝するが、日本は焦土化する」というものである。

いうまでもなく、戦争に備えるシナリオおよびそれにもとづいた態勢作りは抑止力を確保するうえで必要である。しかしながら、日本の国益にもとづいたシナリオ作りは我々にとり不可欠となっている。戦争をいかに回避するか、また、戦争が起きた場合はどう被害を限定し、被害管理（Consequence Management）をするかのシナリオが必要となる。

そういった意味で、本書は「野蛮の時代」に突入した現在をどう乗り切るかの大きな示唆を与えることになろう。

川上高司

目次

はじめに　「野蛮な時代」をどう生き残るか—日本国民の試練の時代（川上高司）……2

第1部　野蛮化する世界

第1章　バイデンの世界—分断した超大国を救えるのは旧世代の2人か新世代か（石澤靖治）……18

第2章　プーチンの世界（蟹瀬誠一）……35

第3章　習近平の世界（近藤大介）……48

第2部　錯綜する米中台と日本

第4章　中国・台湾はどうなる（富坂　聰）……62

第5章　アメリカはどうなる（ロメイ・小百合）……74

第6章　分断し多元化する世界と日本の外交・安全保障（宇佐美正行）……90

第3部　欧州諸国が直面する試練

第7章　ウクライナ戦争の環境影響—ヨーロッパと世界の大国への展望（フランシス・モジェ）……105

第8章　ポスト・ウクライナにおけるフランスのインド太平洋戦略はどうあるべきか？（イポリ・ミレー）……

第9章　ロシアのウクライナ侵攻の陰で中・東欧地域に挑む中国（ヴァーツラフ・コペツキー）……116
第10章　ソ連の影から中立国へ、そしてNATOへの道を歩む（エンマ・ニカンデル）……129
第11章　時代の転換期（トーマス・オエレルマン）……142
第12章　ユーラシア帝国強化のためのネオ・ユーラシアニズム（ヌノ・モルガド）……154
第13章　「野蛮」な時代における欧米同盟の挑戦とそのアジアへの影響（細田尚志）……168
第4部　新たな戦争の時代
第14章　オールドメイン戦（渡部悦和）……184
第15章　新領域の脅威へのレジリエンス（長島　純）……200
第16章　新たな米軍の戦い方―バイデンの戦争（川上高司）……213
第17章　アメリカの核戦略の動向（中川義章）……229
第18章　ロシアのウクライナ侵攻に関する情報戦（樋口敬祐）……244
第19章　ドローンの戦い―ウクライナ戦争と大国間競争（高橋秀行）……258
おわりに　日本に残された選択肢――「責任ある平和主義」のために（石澤靖治）　271

第 1 部　野蛮化する世界

「世界は野蛮（バーバリズム）化している」フランスの国際政治学者テレーズ・デルペシュがそう警鐘を鳴らしたのは2005年のことだった。

あれから17年過ぎた今，人々はその言葉に耳を貸さず，冷戦終結後から不ぞろいの積み木を30年近くかけて積み上げてきた国際協調体制とグローバリズムを崩壊させてしまった。

今や世界は民主主義国家vs専制主義国家の二極化の様相を呈し，グローバリズムによって著しく拡大した貧富の差に対する民衆の怒りが世界各地でナショナリズムと独裁的リーダーたちの台頭を許している。

ロシアのプーチン大統領，中国の習近平主席，北朝鮮の金正恩最高指導者，トルコのエルドアン大統領，イランのハメネイ最高指導者などはその代表的な存在だろう。

国際政治で失敗を繰り返し自信を喪失した超大国アメリカでもドナルド・トランプというデマゴーグが共和党を乗っ取って大統領に選ばれ，嘘とハッタリのならず者政治がまかり通るようになった。2020年の大統領選で民主党のバイデン大統領はトランプの再選を阻んだが，トランピズムの影は色濃く残ったままだ。

しかしなんといっても注目は，ウクライナに電撃侵攻した核大国ロシアのプーチン大統領と国際舞台で存在感を増している中国の習近平主席だろう。共に勢力を拡大してアメリカ中心の国際秩序を崩壊させようという野望を抱いている。

ウクライナ戦争で思わぬ苦戦を強いられているプーチンは次にどんな悪手を打ってくるのか。核攻撃の可能性も囁かれている。盤石と思われた習近平政権はゼロコロナ政策に伴う経済の悪化や戦略的パートナーのロシアのウクライナ侵攻で内憂外患だ。10月の共産党大会で権力の集中を鮮明にしたが，悲願の台湾統一に打って出るのはいつか。

世界は国際協調の時代に再び戻れるのか，それとも地政学の重鎮ヘンリー・キッシンジャーがいうように「人間は悲劇の不可避性とともに生きていかなければならない」のか。このふたりの野蛮な専制主義者の去就にかかっている。

第1章　バイデンの世界
――分断した超大国を救えるのは旧世代の2人か新世代か

石澤靖治

1　身内からの「バイデン出馬」拒否論の行方

　2022年米中間選挙は、民主党ジョー・バイデン大統領にとって悪くない結果になった。開票に時間がかかっていることもあり、11月13日時点で最終的な数字を示すことはできない。だが、直前の予想では民主党の大幅議席減が確定的と言われた下院ではそれを免れ接戦にもちこみ、共和党がやや優勢と言われた上院ではそれを覆した。前回2020年では下院は民主220、共和212で民主党が多数党。上院は民主50、共和50で同数だが、上院議長を兼ねる副大統領の民主党カマラ・ハリスの投票によって、やはり民主党が多数党となっていた。大統領に当選した後の中間選挙では現職の大統領の所属政党はほとんど敗北を喫している。ところが、戦前の予想を上回ったことで、バイデンは「ここ数十年の中間選挙の中で最高の結果」だと胸を張った。バイデンの勝利とさえ言ってもいい。

　ただ、最終的に下院で共和党に多数党の座を譲ることになると、党派対立が極めて激しい現在、バイデン政権は重要法案の審議で、かなり手足を縛られることになる。さらに次男のハンター・バイデンについて、かねてから指摘されていた税務処理の不正疑惑、外国機関によるアメリカ国内でのロビー活動やマネーロンダリング（資金洗浄）に関する法令違反などを、共和党側が追及することが予想されている。その関連で、下院の一部議員にはバイデン大統領の弾劾を求める動きもある。

そんな中で任期が残り2年となったバイデンはどうするか、そして何をするか。さらに中間選挙が終わると同時にスタートする2024年の大統領選でバイデンは再選できるのか、あるいはそれ以前に出馬するのか。一方の共和党では前大統領のドナルド・トランプが身辺の捜査が進む中で再出馬して当選できるのか。事態は混沌としており、突然の変化であらゆる状況が変わる。それらを承知の上で展望していきたい。

最初にバイデン政権のこれまでの2年間の総括である。当初は「脱トランプ」という意味で期待が大きかった。実際にバイデンは、就任直後の1月には25もの大統領令を発して「トランプ的な」政策を次々と葬った（同じ基準で、オバマ9、トランプ7）。また3月には上院の過半数の50票で法案を成立させることができる「財政調整措置」を駆使して（それ以外は実質的には60票）、新型コロナウイルス対策のための「2021年米国救済計画法」を成立させた。その規模は1兆9000億ドルと超巨額。ワクチン接種に加えて、現金給付、失業保険の拡充などを盛り込んだ。そして新型コロナの猛威が一時的に収まった2021年初夏には、バイデン政権にもアメリカにも楽観的なムードが広まった。

ところがその後に成立させようとした大型の経済・社会法案がとん挫、移民対策でも迷走した。また2022年に入ってからはロシアのウクライナ侵略に伴う原油急騰もあってインフレが進行。これには前年に成立させた米国救済計画法の影響も少なくないとされている。その結果、バイデン政権への支持率は各種世論調査で40％を大きく割り込み、近年の政権の2年目では最低レベルの30％台前半にまで沈むことになる。

そんなバイデンに対して、2022年7月、身内の民主党の中から再選に対して否定的な見方が出されてきた。ニューヨークタイムズがシエナ大学と行った共同世論調査（7月7日から10日に実施）で、民主党有権者の64％がバイデン氏の再出馬に反対、さらに30歳未満の民主党支持者の94％がバイデン氏以外の民主党候補者を選ぶと答えたのである（"Most Democrats Don't Want Biden in 2024, New Poll Shows" New York Times, July 11, 2022)。それ以外の調査でもバイデン再出馬に対して「ノー」を示す結果が続出した。

2　8月の逆転劇

ところが2022年夏、そんな窮地から、バイデンはこれまで実現できなかった選挙公約や政策課題を次々と実現させることに成功する。

最も大きかったのは、8月に成立した4300億ドル規模の「インフレ抑制法案」である。米史上最大級とされる気候変動対策に加え、薬価引き下げや一部の法人税引き上げなどを盛り込んだ。「ビルドバックベター（よりよい再建）法」として成立を図っていた当初の法案の規模から比べると、子育て支援部分を削り一桁小さくなった。また法案の名前にあるようなインフレ抑制への即効性はあまり期待できない。だが同じ民主党議員でありながら、これまでこの種の法案に根強く反対をして成立を拒んできた上院議員のジョー・マンチン（ウェストバージニア州）、クリステン・シネマ（アリゾナ州）の2人をようやく賛成に回らせ、成立にこぎつけた。選挙公約で謳った内容が盛り込まれたことなどから、バイデンは「約束を守った」と満足げに語った。

また引き続いて、以前から求められていた学生ローン免除の計画を発表。アメリカでは学費が高く多くの学生が在学中に借金をして、その返済が長く続くことが大きな社会問題になっている。そこで年収12万5000ドル以下の国民について、1人当たり最高1万ドルを免除。また経済的支援が特に必要な低所得家庭の学生向け貸与奨学金「ペル・グランツ」を受けた人については、免除を2万ドルに拡大。さらに2020年3月に施行した学生ローンの一時的な返済停止措置については、年末まで延長するという政策も発表した。全米の債務者数は約4300万人おり、その中で約2000万人が今回の措置で債務全額が免除になる。

さらにこれに先立つ6月下旬、銃による大量殺害事件が続発しても長い間何らの手も打たれていなかった中で、28年ぶりに銃規制法案を成立させた。攻撃用銃器の禁止や銃購入年齢の18歳から21歳への引き上げというところまでは踏み込んでいないが、自身や他人に危害を加える恐れのある人物から銃器を一時的に没収できる州レベルの「レッドフラッグ（危険信号）法」の導入促進や、21歳未満の銃購入者の身元確認の強化、ドメスティックバイオレンス（ＤＶ）加害者による銃購入の規制などの導入を成功させた。

また、最高裁の人工中絶禁止判決（２０２２年６月）に対抗して、中絶の権利を擁護する大統領令に署名。アメリカ全体では、人工妊娠中絶賛成派は過半数にのぼると言われるだけに実のある行為だった（人工妊娠中絶については後述）。

これら以外にも、アメリカ国内での半導体の製造と開発を支援する対象企業に、５２０億ドルを投じることなどを盛り込んだ国内半導体支援法案も８月に成立させた。こうした実績に加えて、バイデン自身がトランプに対して挑戦的な態度を明確にするスタイルを取り入れたことなどもあって、バイデンは党内の信頼を回復し、国民からの支持率も上昇に転じた。

3　それでも付きまとう年齢の壁

前述の調査結果と同様に、クイニピアック大学の７月の調査でも、民主党支持者の54％がバイデンの再出馬を望んでおらず、「望んでいる40％」を上回る結果が出ていたが、８月末には「望まない」という数字は43％に低下。再出馬を望む声が47％でそれを上回った。

本人は再出馬については本稿執筆時点では明言しておらず、２０２３年初めに明らかにするとしているが、有権者が懸念するのは再選した場合には就任時82歳、退任時に86歳になる彼の年齢である。ニューヨークタイムズの調査でも、民主党支持者がバイデン以外の候補者が出馬することを希望する理由として、33%が「彼の年齢」をあげ最も高い数値を示している。

いずれにしても本人次第だが、もしバイデンが出馬しないとなった場合に、誰が手を挙げるのか。肩書からいえば副大統領のハリスということになる。2020年に副大統領候補としてバイデンが声をかけた際には、4年後にハリスにその座を禅譲する話をしたという噂もあった。しかし政権発足後の2人の関係は必ずしも良好でないと言われる。また副大統領として、ハリスはこれといった実績をあげていない。またインド系の黒人女性であることをアピールポイントにできていないなど、バイデンにとって代わる要素はあまりない。

政権内を見渡した場合にもう1人あげられるのは、前回大統領候補として予備選で名前を売り、最終的に身を引いてバイデン指名に道筋をつけたピート・ブーティジェッジであろう。政権では運輸長官として得意の弁舌で気を吐いている。ただ現時点では本人も周囲も態度を明確にしていない。同性愛者である彼を推す全米的なうねりが起きているわけでもない。他にも今回ばかりはどの程度の本気度かはわからないが、前回、前々回と大健闘した、バイデンよりも1歳年上の上院議員バーニー・サンダース（バーモント州）、女性ではやはり前回出馬したエイミー・クロブシャー（ミネソタ州）、エリザベス・ウォーレン（マサチューセッツ州）の両上院議員も再び手をあげてくるかもしれない。

4 「危ういトランプ」への支持者の困惑

一方の共和党は、いうまでもなくトランプの動向次第である。今回の中間選挙でも自らが支持表明を行った候補者を多く送り出した。共和党はもはや「トランプ党」である。しかしながら、だからといってトランプが即、共和党の絶対的な大統領候補とは言えないところがある。これまでトランプを支持してきたウォールストリートジャーナルやニューヨークポストなどの論調は、再出馬に消極的になってきている。またトランプと敵対しつつも2022年夏前までは共和党の最有力と分析してきたワシントンポストも、それ以降見方を変更している（"The top 10 Republican presidential candidates for 2024, ranked" Washington Post, August 20, 2022）。

ではなぜトランプ支持は大きいのに、彼が必ずしも最右翼とは限らないのか。確かに72％の共和党支持者がトランプの再出馬を望んでいるとされる（クイニピアック大学、8月末調査）。だが、実際に彼を国のトップとして全面的に舵取りをゆだねることに対して、支持者でも不安を感じているという指摘が出てきつつある。

今回の中間選挙での共和党の予想外の苦戦も、トランプが出すぎたことにあるともされている。数の上ではトランプ支持の共和党候補者は多く当選したものの、上院での重要な接戦州や州知事選ではトランプ派の候補者の成績は芳しくなかった。もともとトランプは規格外の人物であるが、自分の当選を主張して支持者を焚きつけて議会を襲撃させた２０２１年１月６日の行為や、政府の最高機密文書をフロリダの自宅に隠しもっていたことで、連邦捜査局（ＦＢＩ）から捜査を受けたことの影響は支持者にとっても小さくはない。前者では議会の公聴会でその関与が追及され、後者では国家の安全保障を揺るがしかねないことが指摘された。そしてこれらの行為に対する刑事訴追が現実味をおびてきている。その際に訴追された人間が大統領候補者になりうるか否かについては法的に明確でない。だが、トランプ本人がやる気満々でも、トランプ支持派が「やはりあまりに危なっかしい」として少しずつ間を取り始めているのである。

トランプにとっては目にしたくないこんな調査もある。先に紹介したニューヨークタイムズとシエナ大学の共同世論調査で、支持層に関係なく、バイデンとトランプが再び戦うことになった場合にどちらを支持するかと尋ねたところ、バイデン44％、トランプ41％という数字が出てきているのである。8月末のウォールストリートジャーナルの調査でも同様に、50％対44％でバイデンが優勢。政治専門サイトのポリティコでも61％が「トランプは２０２４年の大統領選に出るべきでない」（絶対にそう思う48％、たぶんそう思う13％）という結果が出ている（7月8〜10日の調査https://www.politico.com/f/?id=00000181-f099-d914-a1af-f8d9d08d0000）。中間選挙の結果が思わしくなかったことで、今後はその圧力はより高まるだろう。

そうなると民主党同様に、共和党内でも馴染みのある面々が「ポスト・トランプ」として取り沙汰されてくる。2021年1月6日に、バイデン当選を確定する議会での選挙人投票の開票を「無効にせよ」というトランプの要請を振り切った、マイク・ペンス前副大統領などはその筆頭だろう。当日、トランプ支持者から生命にもかかわりかねない襲撃からあやうく免れたペンスは、名指しでトランプ批判はしていない一方、共和党内でトランプが支援していない候補を応援するなど巧みにトランプと一線を引いている。他にトランプ政権で国連大使を務めた、女性でインド系アメリカ人のニッキー・ヘイリーの名前もあげられている。2016年の予備選で健闘した保守色の強い上院議員のテッド・クルーズ（テキサス州）、ヴァージニア州の州知事選でトランプとの関係を巧みに使い分けながら支持を獲得して勝利した、グレン・ヤンキンなども候補の1人として急速に人気を高めている。反トランプを明確にしたことで共和党下院ナンバー3の座から引きずり降ろされたリズ・チェイニー（ワイオミング州）の動きも注目点だ。

5　トランプの化身としてのデサンティス人気の意味

そんな中で「トランプ以外なら最強の候補者」として注目を集めているのが、フロリダ州知事のロン・デサンティスである。デサンティスは2012年に連邦下院議員に初当選。2018年のフロリダ州知事選挙に勝利してその座につき、2022年の中間選挙では圧倒的な大差で再選された。年齢的にも44歳とまだ若い。日本での知名度は低いが、経歴的には十分なものがある。イェール大学、ハーバード大ロースクールと2つの名門大学で学位を取得している上、アメリカでは勲章となる従軍経験も有している。大統領候補者としては上院議員や州知事の経験者であることが一般的だが、彼はこのところ人口増加が大きく選挙でも重要州として注目されるフロリダ州の州知事であることも大きな利点だ。だがそれ以上にデサンティスが注目されるのは、単に「トランプ的」であるからだけでなく、トランプにはない「安心できるトランプ主義の体現者」だからである。

彼が一期目のフロリダ州知事として行ったことはまさにそれを物語る。新型コロナを巡る対応でバイデン政権の対策を拒否。長く新型コロナ感染拡大防止のロックダウンを拒んだことで全米の反バイデン派から大きな注目を集めた。さらに知事として学校でのマスク着用やワクチン証明書提示の義務化を禁止。トランプが大統領だった時に示していた態度そのものである。

彼がフロリダ州で行ってきたことは、リベラルな民主党が主張する問題と見事なほどに対立して、それを実行に移してきたことである。例えばLGBTQ（性的少数者）について民主党側がそれを学校で教えさせようとすると、デサンティスはそれを小学校で取り扱うことを規制する州法を成立させた。人種やマイノリティに関して彼らが厳しい差別を受けてきたことを示す書籍を排除することも求めている。9月には非正規移民約50人を飛行機でマサチューセッツ州に送りつけるという暴挙にも出た。

トランプは必ずしも伝統的な保守主義者ではなく、民主党のリベラル主義に反発する層を支持層に取り込むために保守主義的な態度をとるポピュリストである。デサンティスは、そんなトランプ主義をより「堅実に」州知事として体現している。彼は今回の州知事選で、空前の2億ドルの資金を集めたことなどは、彼に対する支持の強さを示すものであろう。かつてデサンティスを可愛がっていたトランプはすでに彼に対する警戒心を強めている。

もしトランプの再出馬が不首尾に終わった場合、トランプ支持層がデサンティスに乗り換えて共和党大統領候補のトップに踊り出てくる可能性が高い。前出のワシントンポストの分析では彼がトランプを押しのけてランク1位である。

6 カリフォルニアのニューサム知事の賭け

現職のバイデンや前職のトランプの行方が不安視される一方で、彼らよりも30歳以上若いデサンティスが注目されるのは、米政治が次の世代に転換する時期に来ているとみることもできる。先に民主党のバイデン以外の有力候補を紹介したが、民主党でもこれまで大統領選に顔を出さなかったニューフェイスが、共和党のデサンティスを意識して勝負をかけようとしている。それがカリフォルニア州知事のギャビン・ニューサムである。

同州は全米最大であり、大統領選では常に民主党が勝利してきた典型的なブルーステイト（民主党支持州。西海岸、東海岸の州に多い）である。ニューサムはデサンティスより10歳年上ながらまだ54歳。デサンティスと同様に2019年から同州の州知事に就任したばかりで、2022年中間選挙でも楽々と再選を果たした（それ以前には副知事、サンフランシスコ市長などを歴任）。スター的なムードのあるニューサムは以前から将来の大統領候補とも言われていたが、彼は新型コロナ対策でデサンティスとはまったく逆の行動をとったことで全米に知れ渡った。それは2020年3月に新型コロナの感染拡大を防止するために、3900万人の全州民に自宅待機を命じることを発表したことである。ところがそうしたロックダウンに対して、反発するトランプ支持者などを中心にリコールを起こされる（自粛を呼びかけたニューサム自身が高級レストランで会合を開いていたという失点もあった）。だがそれを大差で否決して名を上げた。

そのニューサムがその後、大統領選を意識してかレッドステイト（共和党支持州、南部に多い）に対して激しい攻撃を行った。

民主党と共和党が正面から対立する大きな問題の1つが人工妊娠中絶の是非である。これについては、トランプが政権中にニール・ゴーサッチ、ブレット・カバノー、エイミー・コニーバレットの3人の保守派の連邦最高裁判事の任命に成功したことで、合計9人の判事の構成が保守派6人・リベラル派3人と、人工妊娠中絶に否定的な保守に大きく傾いた。それによって2022年6月、連邦最高裁はそれまで人工妊娠中絶に対して女性の権利だとする「ロー対ウェイド判決」を、「連邦政府が判断することではない」として、49年ぶりにくつがえした。それによってその判断は州政府によるとされ、保守・共和党の強いレッドステイトは続々人工妊娠中絶を禁止した。

そうした中で民主党の強いリベラル派のブルーステイトは強く反発。中でもブルーステイトの総本山的存在のカリフォルニア州は、ニューサムの号令によって全米各地に住む中絶手術希望者の受け入れ表明をし、また同じ西海岸のブルーステイトのワシントン、オレゴン両州に「中絶支援連合」の結成を呼びかけた。一方で、州を越えて中絶手術を受けるための旅費を補助する企業に報復する行為を行っている州もある。それに対してニューサムは「民主主義を守るために共和党支配の州政府・議会に反旗を翻せ」とのメッセージをネットで発信した。こうした人工妊娠中絶禁止に対する激しい反発が、中間選挙で予想された民主党の大敗北を食い止めたところもあった。

ブルーステイトとレッドステイトのもう1つの対立点は、人種や性的指向などについてであり、前者は積極的に議論し受け入れ、後者は否定的だ。デサンティスのフロリダ州は、共和党と民主党とが激戦を繰り返しておりレッドステイトとは言えないが、彼の政策はレッドステイトそのもの。それについてもニューサムは強烈に批判を行っている（"Newsom slams red state governors on D.C. trip, stoking speculation about his future" Los Angeles Times, July 14, 2022）。

この件に限らず、アメリカでは州ごとにそれぞれの対応がなされている。その中である州の知事が別の州のやり方を批判して注文をつけるというのは、度を越えた行為である。だがこのこと自体がアメリカの分断を示すと同時に、次の選挙が「民主党ニューサム対共和党のデサンティス」という構図を示す形になることを暗示しているようでもある。また民主党のニューフェイスとして、ミシガン州のやはり州知事で女性のグレッチェン・ウィットマーも、大統領候補として急速に注目を集めている。

7 習近平とプーチンが凝視するアメリカの姿

ただ2024年に向けた大統領選がいずれの構図になるにしても、今後さまざまな要因が発生することで事態は大きく変化することを改めて強調しておきたい。一方、中間選挙の結果はどうあれ、バイデンにはあと2年の任期が確実に残っていることも事実である。バイデンとしては自らの得意とする外交で何らかの成果を残したいはずだ。2021年8月のアフガニスタンからの撤退では同国内でのアメリカへの協力者を救い出せず、タリバンに一方的に政権を奪われる大失敗を犯しただけに、その思いはより強いだろう。直面するのは「中国」「ロシア」「ウクライナ」の問題、それに加えて核開発合意と中東情勢に関連して「イラン」、また連続してミサイル発射を行う「北朝鮮」というところであろう。

その中でバイデンは、これまでトランプ時代に損なわれた同盟関係の修復を行ってきたわけだが、残り2年はその政策を強化することをさらに進めていくだろう。その中で対中国がその対応の中心になるわけだが、それに関してはその強弱に多少の違いはあるものの、民主・共和ともに反中姿勢を明確にしている。対中封じ込め政策については「弱腰」批判を受けないようにしつつ、中国包囲網を形成することになるだろう。

その中国との関係で焦点となる台湾について、バイデンはこれまで「台湾防衛のために軍事力を行使する意思があるか」と記者に問われた際に何度も「イエス」と答えるなど、積極的な発言を繰り返してきた（そのたびごとに、政権の公式見解として「アメリカの対中国政策に変更はない」と修正されるため「意図的な失言」ともみなされている）。またナンシー・ペロシ下院議長が台湾を訪問した直後、中国が大規模実弾軍事演習を行うなど、米中両国が対立姿勢を鮮明にする中で、米中にとって「台湾有事」は現実的なものになりつつある。バイデンはそれに対してどこまで踏み込み、どういう形で抑止しようとするのか、それこそ彼の外交手腕が問われることになる。一方、ウクライナについては支援をどの程度継続できるかということが焦点になってくるだろう。議会で「アメリカ第一主義」のトランプ系議員が増えるにつれて、ウクライナへの支援に対して懐疑的な圧力が生まれてくることも予想される。

そうした中で、国内の分断が激しさを増すほどに「民主主義のショーケース」を自任して、世界を牽引してきたアメリカへの信頼は低下していく。その信頼の低下は国際社会でのアメリカの指導力を大きく毀損させることを意味する。バイデンは就任演説で「デモクラシー」という言葉を連呼した。そして中間選挙を2ヵ月後に控えた9月1日、全米に向けた演説でやはり健全な「デモクラシー」を訴えた。

共和党でフロリダ州知事のデサンティスと民主党でカリフォルニア州知事のニューサムが、異常なほどの対立を見せたように、以前からのアメリカ国内の分断の状況はより大きくなっている。「外交は内政の延長」と言われる。そうしたアメリカの内政の「デモクラシー」の揺らぎを習近平の中国は、そしてプーチンのロシアは、じっと見ている。「アメリカの弱さ」として。だとするならば、バイデンの今後の2年間の中での役割は「デモクラシー」の修復ということになる。その重さを誰よりも認識しているのは、バイデン自身であることは間違いない。

第2章　プーチンの世界

蟹瀬誠一

人権弾圧や台湾問題で火花を散らす米中関係やウクライナ戦争に世界の注目が集まる中、西側諸国の批判や経済制裁に晒されてもしたたかに権力を維持している核大国のリーダーがいる。

ロシアのウラジーミル・プーチン大統領だ。

２０２０年の憲法改正によって２０３６年まで現職に留まることが可能になったプーチンは、同年12月には大統領経験者とその家族を生涯にわたって刑事訴追から免責する法案にも署名した。不測の事態が起きない限り84歳までプーチン王朝を続けるつもりなのか。「わが国に強力な大統領がいないのは悪いことだ」とさえ公言して憚らない。

「ロシアの外交政策はあらゆる方角に国を拡大させることだ」と喝破したアレクセイ皇帝時代の外務大臣ナシチョキンの言葉を彷彿とさせる。冷徹な国家主義者のプーチンが抱く野望は、祖国ソ連を崩壊させた宿敵アメリカを凌駕し、多極化した国際秩序をつくり出して世界で核大国ロシアの威信を高めることだ。

しかし、なぜプーチンはそんなに強気でいられるのだろうか。その背景には独自の価値観と黒い権力構造、そして飽くなき欲望が渦巻いている。KGB工作員から〝皇帝〟となって世界を震撼させるプーチンのペルソナと行動原理を探ってみた。

1　モスクワ政変

ドーン！　胸が圧迫される風圧と轟音とともに戦車砲から発射された砲弾がロシア最高会議ビルに命中し、砕けた窓ガラスが雪のように舞い落ちて白亜のビルは炎と黒煙に包まれた。おびただしい銃声が鳴り響く中、身を屈めながら現地取材をしていた私がロシア政変の苛烈さを実感した瞬間だった。

1993年10月、首都モスクワで新憲法制定をめぐって改革急先鋒のエリツィン大統領派と保守議会派が首都モスクワで武力衝突したときのことである。政府推計では187人が死亡、437人が負傷とされたが、犠牲者は2000人以上という民間の調査もある。ロシア革命以来、モスクワで起きた最大の政治紛争だった。

惨劇は民主化と特権廃止を訴えたポピュリストのエリツィン大統領の勝利のうちに終結。巷には抑圧から解放された自由が溢れた。しかし、皮肉なことに新憲法によって大統領の権限は著しく強化され、やがてプーチン独裁政権への道を開くことになる。帝政ロシアから続く権力集中の歴史の繰り返しだ。

事件当時、プーチンはモスクワから650キロ離れた生まれ故郷のレニングラード（現サンクトペテルブルグ）で副市長を務めていた。それでも10月政変の衝撃は大きかった。反対勢力を打ち負かさなければ国家は崩壊する、政治的対立に破れた者は抹殺されるということを彼は心に刻んだ。

「人権よりも国家イデオロギー」「対話よりも絶対服従」というプーチンの行動原理の原点である。

だからプーチンは目的達成のためなら武力行使や暗殺にも躊躇がない。なにがあっても負けは絶対に認めない。彼の辞書には撤退や敗北の言葉はない。それが自身の政治的自爆を意味するからだ。

2　ドレスデンのトラウマ

じつは、プーチン自身がこれまで敗者の屈辱を味わったことが二度あった。一度目は1989年11月に東西冷戦の象徴だったベルリンの壁が崩壊したときだった。

彼はソ連の諜報機関KGBの工作員として旧東ドイツの都市ドレスデンに赴任していた。東ドイツにおけるKGBの仕事は主に、ソ連と対抗する西側諸国の軍事同盟NATOの動きを探ることだった。

ベルリンの壁崩壊からおよそ1ヵ月後の12月5日夜、民主化を求める群衆がドレスデンにも押し寄せ、東独秘密警察シュタージ支部を占拠した。暴徒化した群衆の一部が次に向かったのはプーチンが勤務していたKGB支部だった。そのときの模様を彼は自伝『プーチン、自らを語る』の中で振り返っている。

当時37歳だったプーチンが地下の焼却炉で情報提供者や諜報員のリストなど秘密書類を処分していると、KGB支部の周りに暴徒たちが集まってきた。そこで彼は武装した警備兵と共に外に出て、お得意の流暢なドイツ語で「ここに侵入するな！　もう一度言う、立ち去れ！」と警告したという。お前は何者だと尋ねられると、とっさに「通訳だ」と嘘をついた。銃を構えた兵士の形相とプーチンの断固とした口調に恐れをなしたのか群衆はその場を引き上げ、流血の惨事は避けられた。

しかしプーチンには大きな失望感が残った。近くのソ連軍事基地に応援を求めても助けが来なかったからだ。自分たちの領域に西側がやすやすと攻め込んできたというショッキングな体験は、トラウマとなって欧米に対する深い憎悪として彼の心の中に残った。

情報操作が巧みなプーチンのことだから、自伝やインタビューでの発言を鵜呑みにはできない。だが、硬直した社会主義国家に対する絶望と国家の存続を脅かす西側の「奔放な自由」に対する危機感との狭間で揺れ動く当時の彼の心情が読み取れる。

二度目は、1991年のソ連邦の崩壊だった。90年に祖国に戻ったプーチンが見たものは、改革派のソ連大統領ゴルバチョフに対する保守派のクーデター、そしてゴルバチョフ失脚後に権力を掌握したロシア共和国大統領エリツィンの経済改革の大失敗と腐敗の蔓延だった。

ひとたび中央の箍（たが）が緩んだ連邦国家は遠心力でバラバラになってしまう。そのことをプーチンは屈辱感をもって肝に命じた。「我々に必要なのは偉大なる変革ではない。偉大なるロシアだ」が、今もプーチンのお気に入りのフレーズだということも頷ける。

3　帝国の記憶

ソ連は91年12月末に消滅した。だがロシア取材中に感じたことは、東欧諸国を束ねた核大国ソ連が、アメリカ主導の軍事同盟NATOと力強く対峙していた栄光の時代がいまだにロシア人の記憶に色濃く残っていることだった。プーチンもそのひとりだ。

思い返せば1957年、アメリカに先駆けて世界初の人工衛星スプートニク1号の打上げに成功したのはソ連だった。さらに61年には有人宇宙飛行も成し遂げている。

52年10月生まれのプーチンは、スプートニクが打ち上げられたときは5歳、ガガーリン少佐が人類初の宇宙飛行に成功したときは9歳だった。祖国の偉業に目を光らせながらウラジーミル少年は空を見上げたに違いない。

10代の頃、彼の夢はパイロットになることだった。だが、第2次世界大戦でナチスドイツ側に潜入して大活躍するソ連諜報員を描いた映画『盾と剣』に刺激を受け、将来はスパイになりたいと思うようになったという。

「何よりも驚かされたのは、たった1人の小さな力で、全軍をもってしても達成できないような成果をあげられることだ。私は自分の進路を決めた。スパイになると」

2000年のインタビューでプーチンはそう語っている。派手な軍事行動よりも策略を巡らす諜報員の姿に魅力を感じたのだ。ソ連の栄光の記憶を脳裏に刻み込んだプーチンは大学卒業後、憧れの諜報機関KGBに就職する。

4　謎のスピード出世

プーチンのKGBでの評価はそれほど高くなかったようだ。当時、優秀な人材は西側諸国に赴任したが、プーチンが派遣されたのは東ドイツ。しかも東西冷戦の最前線ベルリンではなく古都ドレスデンだったことでもわかる。

傷心のドレスデンからKGBの予備役として1990年に故郷レニングラードに戻ったプーチンは、改革派知識人で母校レニングラード国立大学のソプチャーク学長の補佐となりKGBを退職する。じつはその頃のKGB人脈が彼を大統領にまで押し上げる陰の勢力になるのだが、そのことについては後に詳しく触れる。

ソプチャークがレニングラード市長に当選すると、プーチンは陰の戦略家として市長を支えた。「灰色の枢機卿」(黒幕)と呼ばれるようになった由縁である。

そんな影の脇役だったプーチンに転機が訪れる。96年8月、初代ロシア連邦大統領エリツィンの側近から声をかけられ、モスクワで大統領総務局次長という職に就くことになったのだ。

その後は驚くべき早さで出世街道を駆け上る。モスクワで職を得た翌年に大統領府副長官に抜てきされ、さらに98年にはＫＧＢの後継である連邦保安局（ＦＳＢ）長官に就任。すぐさまレニングラード支局時代からのＫＧＢ仲間を要職に就けてＦＳＢを掌握してしまう。99年には国家安全保障会議書記も兼務、同年8月には首相に就任する。

わずか3年間でのスピード出世だ。いったい何があったのか。その秘密を一言でいえば「忠誠心」だ。あらゆる策謀を使ってエリツィン大統領を政敵から守り、大統領一家とその取巻きから絶対的な信頼を得たのである。

例えばこんなことがあった。99年、厳しい汚職捜査でエリツィンはぎりぎりまで追い詰められていた。すると、ロシアのテレビ局が検事総長とおぼしき男と若い女性ふたりが全裸でベッドにいる様子を隠し撮りした映像を放送した。

その結果、大統領の汚職追及を主導していたプリマコフ首相と検事総長が逆に失脚。決め手となったのは「ビデオは本物だ」というＦＳＢ長官だったプーチンの証言だったという。いかにも元ＫＧＢ工作員が仕掛けそうなトラップではないか。

さらにはチェチェン独立派武装勢力にも呵責のない攻撃を加えた。外敵をつくり国民を扇動するのはプーチンの得意技だ。おかげで彼は「強いリーダー」だというイメージが国民の間に定着した。

後任のステパーシン首相は短命に終わり、エリツィンが後継者に指名したのはプーチンだった。健康状態が悪化していたエリツィンは、この男なら権力を手放した後も大統領一族の身を守ってくれると確信していたのだ。

しかしソ連時代の愛国的精神に浸って成長したプーチンが本当に忠誠を誓っていたのはエリツィンではなかった。ロシアという国家そのものだったのである。自分の責務は国家に仕えることで、それを脅かす者には容赦なく鉄槌を下す。

そのことに気づかなかった腐敗まみれの大統領側近たちは程なく粛正の憂き目に遭うことになる。

5　プーチンとロシアを乗っ取った男たち

2000年5月7日、新大統領の就任式がクレムリン大宮殿で開かれた。高いアーチ型の大広間の中央に敷かれた赤絨毯の上をうつむき加減で肩を揺らしながら歩く黒スーツのプーチンの口元は珍しくほころんでいた。

最前列で拍手をしていたのはエリツィン前大統領の取巻きたち。だが招待者の人だかりに隠れて彼の出世を誰よりも喜んでいたのは「シロビキ」と呼ばれるレニングラード時代の旧KGBの仲間たちだった。

彼らこそが、治安当局、犯罪組織、政治家そして闇の資金と繋がり、プーチン大統領の意志決定に大きな影響を与える保守強行派集団なのだ。彼らはロシア帝国の復興の幻想を抱き、破壊工作や戦争を扇動し、かつては欧州に友好的だったプーチンを欧米強行派へと変えていった。

「国民が団結し、ひとつの祖国、ひとつの国民、我ら共通の未来を忘れないようにすることが、私にとって神聖な責務だ」

就任演説でプーチンはそう国民に訴えた。その裏にはじつは強い指導者による国家管理が必要だというメッセージが込められていたのである。ウクライナ戦争の種がすでに蒔かれていたのだ。

最高権力者となったプーチンと彼の取巻きがまず着手したのは、ソ連崩壊の混乱に乗じて巨万の富を築いたオリガルヒ（新興財閥）の粛正だった。経営する企業や財産を没収し、逆らった者は容赦なく投獄した。大統領に忠誠を示さなければどうなるかを腐敗しきった有力者たちにあからさまに見せつけたのである。

じつはプーチン自身も腐敗と無縁ではなかった。ロシアの新興財閥やエリート層とヤクザまがいの脅しで巨万の富を築いていった。

その手口は「お前の資産の半分を俺によこせ。そうすれば残り半分はお前のものにしてやる。それがいやなら、俺が全部取ってお前を監獄にぶち込む」という乱暴なもの。ロシア最大の海外投資家だったエルミタージュ・キャピタル・マネジメント創業者兼CEOのビル・ブラウダーが２０１７年の米議会上院司法委員会でその手口を証言している。

「政界の黒幕」でプーチンに忠誠を誓わなかった大富豪ベレゾフスキーは２０１３年３月、ロンドン近郊の自宅浴室で遺体で見つかった。首つり自殺とされたが、大統領との確執から死因を疑う見方が根強い。

英フィナンシャル・タイムズ元モスクワ特派員のキャサリン・ベルトンによれば、プーチン政権を操る元KGBグループの中にとくに重要な人物が2人いるという。

ひとりはイーゴリ・セチン（62）。プーチンがレニングラード副市長を務めていたときの参謀だ。ロシア最大の国営製油会社ロスネフチの会長で「シロビキ」の代表格である。

もうひとりは、同じくレニングラード出身のニコライ・パトルシェフ（71）。こちらも「シロビキ」の実力者で、2008年からロシアの対外戦略の司令塔である安全保障会議書記を務めている。プーチンの先輩にあたり筋金入りの保守強硬派だ。

国家主義者のプーチンと彼を支える少数の取巻きたちは国内の新興財閥を跪かせ、メディアを統制し、抵抗勢力を容赦なく弾圧して権力を掌握した。海外では、クリミア併合でロシア国民の愛国心に火を付け、2015年にロシア史上初めて中東シリアへの直接軍事介入に踏み切って崩壊寸前だったアサド政権を救った。そして2022年2月、満を持してウクライナへ軍事侵攻し世界を震撼させたのである。

6　クルスクが沈んだ日

プーチンは、「脱出王」と呼ばれた奇術師ハリー・フーディーニのようだと評されたことがある。

大統領就任からわずか3ヵ月後の8月12日のことだった。北極圏のバレンツ海で兵器を満載して演習に参加していた世界最大の攻撃型ロシア原子力潜水艦クルスクが水深108メートルの海底に沈没するという大事故が起きた。プーチンが大統領になって最初の政治的危機だった。

原因は、発射準備をしていた魚雷からガスが漏れて爆発したことだった。数分後には他の魚雷も連鎖爆発し艦体は水没。乗組員118名全員が死亡した。

その日、黒海に面した保養地ソチにいたプーチンは恐怖で呆然自失となり別荘に引き籠もったという。その間にロシア海軍内で箝口令が敷かれ、軍事機密が漏れることを恐れた司令部は英国やノルウェーの援助を拒否。そのため艦内にいた生存者も犠牲になった。

マスコミはもちろん黙っていなかった。全国ネットのテレビ局であるORT（ロシア公共テレビ）やNTV（独立テレビ）は、海辺で悲嘆に暮れる遺族の映像とプーチンが別荘で水上スキーやバーベキューを楽しむ姿を交互に流し続けた。

事件発生から10日後、ようやく遺族集会に姿を現したプーチンを待っていたのは、「嘘つき！」「ろくでなし！」という遺族からの罵詈雑言だった。その辛辣さは「これまでのロシアの指導者がこれほどまで罵倒されたことはなかった」と英ジャーナリストが驚嘆したほどだ。

絶体絶命と思われた。ところがKGB仕込みの演技力と人心掌握術でプーチンは状況を逆転させてしまう。

3時間続いた遺族たちとの対話で、彼はエリツィン時代に十分な資金が軍に配分されなかったことが救出活動失敗の原因だと巧みな言葉使いで説得。遺族の怒りの矛先を前政権に向けた。軍が落ちぶれた原因は、メディアを独占しているオリガルヒ（新興財閥）たちにもあると責任転嫁した。「あいつらは政府の金を盗み、メディアを買い占めて世論を操作しているのだ」と。

極めつけは遺族への手厚い賠償提案だった。10年分の乗員の給与の支払いや、ロシア人なら一度は住んでみたいモスクワやサンクトペテルブルグの住宅を無償提供することを申し出た。さらに、子供たちの大学までの学費無料、異例の船体の引き揚げとすべての遺体の回収も約束したのである。

大統領自身が庶民的な言葉使いで遺族と直接対話する姿が全国放送で流されたことで、国民の評価もがらりと変わった。プーチンはやるべきことはやったという見方が国民の大半を占めるようになったのである。ほどなく彼の支持率は事故以前の高さに戻った。

「（プーチンは）大統領然としているが、私たちと同じ普通のロシア人だと感じさせる術を持っている」ロシアの主要新聞イズベスチヤ紙はそう書いた。

以降、大事件が起きると、プーチンは自ら現場に出向き指揮をとることが多くなった。ただし被害者への共感からではなく、あくまで自らのイメージを守るためだ。

一方、批判的だったテレビ局を容赦なく弾圧した。ＮＴＶ（独立テレビ）を経営するウラジミール・グシンスキーはたまらずスペインに脱出。NTVは政府系の天然ガス会社ガスプロムに買収された。ロシア国内最大の財力を有したオリガルヒ（新興財閥）でORT（ロシア公共テレビ）経営者だったベレゾフスキーも国外に逃亡した。

7 ウクライナ戦争

プーチンのウクライナ戦争に深くかかわっているのは、安全保障会議書記のパトルシェフ、ロシア対外情報庁（SVR）トップのセルゲイ・ナルイシキン、そして大統領の腹心の国防相のセルゲイ・ショイグの3人だ。3人とも元KGBでロシア帝国の復活を願う反動主義的思想の持ち主である。

ウクライナとロシアは一体だという歴史観をプーチンと共有する彼らにとって、同国がNATOに組み込まれることは心情的にも地政学的にも絶対に許せないことだった。

しかし、プーチンには彼らと違う秘めた特別な想いがあったのではないか。

「皇帝」人生の華やかで誇り高い幕引きである。

その証拠に、毎年売り出されてきたマッチョな半裸姿のプーチンのカレンダー写真は近年、影を潜めている。代わって登場したのは、暖炉前でクリーチ（ロシア伝統の菓子パン）とお茶を楽しむ姿だ。ロシア人にとっては退職した父親の典型的なイメージである。

プーチン重病説には根拠がない。だがロシア人男性の平均寿命はおよそ68歳と短い。今年10月に70歳になったプーチンが大統領を引退し、「国父」として院政を敷く準備をしていたとしても不思議ではない。

計算高いプーチンのことである。米傀儡政権下のウクライナを奪還すれば、アフガニスタンから敗走したアメリカの国際的信用をさらに失墜させ、ロシアの威信を高められる、そして彼の長きにわたる政治経歴の最後を飾る輝かしき金字塔となると妄想したのではないか。

侵攻直前、プーチンはロシア国営放送で西側の「冷笑的な欺瞞と嘘」の不当性とＮＡＴＯ東方拡大への危機を国民に訴えた。

「ウクライナは歴史的にロシアの領土だ。それが今はアメリカの傀儡政権下にある。我々の首に突きつけられたナイフのようなものだ。・・・もう平和的な解決は望めない」と声を荒げた。

プーチンの最後通告はロシア国民、特に多くの年配世代の共感を呼んだ。多極化した世界秩序を望む中国やインドにもわかりやすいメッセージだった。

8　プーチンのエンドゲーム

しかし、戦争が計画通りいった試しはない。プーチンも例外ではなかった。

予想外のウクライナの強い抵抗に遭い、首都キーウ電撃制圧を狙ったロシア軍は出鼻を挫かれた。理由は、２０１４年のロシアのクリミア併合以降、アメリカや英国などが最悪の事態を想定し密かにウクライナ軍に訓練を施し、強力な武器やインテリジェンス（諜報）を供与していたからだ。

中国の脅威に対抗することに手一杯の米バイデン政権は、自国の兵隊の血を流さず、ウクライナでの「代理戦争」でロシアを徹底的に弱体化させようとしているようにみえる。だが犠牲になるのはウクライナ市民だ。いつまでも場外で見物とはいかないだろう。

拙稿を書き終えた11月初旬時点で、戦局は消耗戦に入りロシア軍は守勢に立たされている。戦闘継続のため、プーチンは２５００万人の予備役の一部動員を発表、核兵器使用も辞さないと脅しをかけた。クリミア併合時と同様に住民投票というトリックを使ってウクライナ東部の併合も進めている。

敗戦は自身の政治的自爆だと知っているプーチンが次はどんな悪手を打ってくるのか。戦争終結には米ロ間の停戦合意が不可欠だ。だが状況は危険な結末を予感させる。

【参考図書】
"Putin" by Philip Short, The Bodley Head Ltd 2022
"Putin's People" by Catherine Belton, William Collins 2020
"Mr.Putin: Operative in the Kremlin" by Fiona Hill,Clifford Gaddy, Brooking Focus Books 2012
"From Russia with Blood" by Heidi Blake, Mulholland Books 2019
"First Person: An Astonishingly Franck Self-Portrait by Russian President Vladimir Putin", by Vladimir Putin.

Nataliya Gevorkan 他 PublicAffairs Illustrated版2000
小泉悠『プーチンの国家戦略』（東京堂出版、２０１６年）
朝日出版報道部『プーチンの実像』（朝日文庫、２０１９年）
佐藤優『悪の処世術』（宝島新書、２０２１年）
佐藤優『プーチンの野望』（潮出版社、２０２２年）
黒井文太郎『プーチンの正体』（宝島社新書、２０２２年）

コラム1 COLUMN ゼレンスキーの正体

英雄か，はたまた危険なポピュリストか。一介のコメディアンからウクライナ大統領になったウォロディミル・ゼレンスキーの評価は二分している。

だがはっきりしていることは，ロシアの侵攻によって，彼の政治家としての嘘や失態や黒い人脈まですべてが一端帳消しとなり，西側世界で「英雄」視されるようになったことだ。

2019年4月21日，大統領選に勝利したゼレンスキーは，主役を務めた人気テレビドラマ『国民の僕（しもべ）』のテーマソングに合わせ，首都キーウの会場に詰めかけた報道陣の前に姿を現した。そして，政治腐敗と縁故主義の撲滅を訴えた。台詞はドラマの中ですでに暗記していたからお手の物だ。まさにメディアを巻き込んだポピュリズムの勝利だった。

しかし，その半年後には汚職を告発され，友人やオリガルヒ（新興財閥）の取巻きに支配されるようになっていった。国民生活は困窮した。失望した国民からは「恥を知れ」「消えて失せろ！」の罵声が浴びせられ，当初70%台だった支持率は20%台に急落。

そんな沈没寸前のゼレンスキーを救ったのは，皮肉なことにロシアの軍事侵攻だった。戦争勃発によって，汚職も縁故主義も経済も二の次となったからだ。ウクライナ国民の憎しみは一斉にプーチンという欧米メディアに悪魔化された外敵に向かった。ゼレンスキーは，国家統治能力の有無にかかわらず，一夜にして自国の自由と独立を守る戦下の大統領となった。その評価は歴史が決めるだろう。

第3章　習近平の世界

近藤大介

２０２３年の中国は、もしかしたら21世紀前半の世界が目撃する、最も壮大で大胆な実験を行う国かもしれない。

それは、「21世紀に毛沢東政治は成立するか」という実験である。同年に古稀を迎える指導者が、14億４０００万人という世界最大の人口、アメリカの８割に届こうという世界第２位の経済、同様にアメリカの３分の１にあたる世界第2位の軍事（費）。その他、文化、教育など大国の森羅万象を、まるで「生きる神」の如く、たったひとりで統治していけるのかという実験だ。

その実験を執り行う人物は、習近平国家主席・共産党総書記・中央軍事委員会主席である。どうでもいいことだが、身長は１ｍ80㎝、体重は約１１０㎏、好物は肉類。バツイチで、30歳になる娘が一人。いまの彭麗媛夫人は元国民的歌手だ。

２０２２年10月16日から22日まで、北京の人民大会堂で開かれた第20回中国共産党大会は、まさに「習近平が『21世紀の毛沢東』になるための大会」だった。大会のどの会議を切り取っても、どの代表にマイクを向けても、まるで「金太郎飴」のように、習近平総書記の「偉大さ」や「重要講話」の一部を繰り返す。中国はいつのまにか、毛沢東時代に回帰してしまった。

私は共産党大会が開かれていた一週間というもの、毎日何時間も、インターネットでCCTV（中国中央広播電視総台）の「特別番組」を観入っていたが、時折り不思議な気持ちにかられた。イギリスの作家ジョージ・オーウェルが1948年に著した小説『一九八四年』の場面を観ているような心持ちだったからだ。「国民がどう動いても、『ビッグ・ブラザー』があなたを見ている。党の三つのスローガンは、戦争は平和なり、自由は隷従なり、無知は力なり……」

毛沢東時代には不可能だった「一人が全員を管理・監視する」ことが、IT（情報技術）やAI（人工知能）の発展によって可能となった。その結果、オーウェルが1984年の世界にやって来ると予見した「ビッグ・ブラザー」による「絶対的管理・監視国家オセアニア」が、予言よりも38年後に、東アジアに出現したのだ。オセアニアは中国と名乗り、「ビッグ・ブラザー」は、習近平と名乗っている――。

私が生まれたとき、隣国ではまだ「建国の父」毛沢東主席が存命で、「9割皇帝」と言われていた。重要事項の9割をひとりで決めるパワフルな指導者という意味で、国民は「毛主席語録」を振りかざして付き従っていた。

その毛主席が1976年に82歳で死去すると、2年後に鄧小平副首相が実権を掌握。多分に合理的な軍人的要素を持つ、やはりパワフルな指導者で、「7割皇帝」と呼ばれた。

鄧小平氏は、大胆に改革開放に舵を切った。それは主に4つの分野から成っていた。第一に、アメリカと国交正常化を果たし、後顧の憂いを取り除く。第二に、沿岸部に経済特区を設置し、外資を誘導する。第三に、農村に一定の自由を与え、作物の収穫量を増やす。第四に、膨れ上がった人民解放軍をスリム化し、余剰人員と予算を都市部の経済発展にあてる。

改革開放は経済の急成長をもたらしたが、国内の格差拡大と世界の社会主義陣営の凋落から、1989年の天安門事件を招いた。鄧小平氏は戦車部隊を繰り出して乗り切った。

1992年、88歳の鄧小平氏は、「改革開放を加速せよ！」と大号令をかけ、同年10月の第14回共産党大会で、「社会主義市場経済」を採択した。翌年には憲法も改正して、社会主義市場経済を憲法（第15条）に明記した。

ここからが実質的に、「3代目皇帝」の江沢民時代である。上海からやって来た「守り」に強いこの指導者は、鄧小平氏の敷いた路線を着実に歩み、「5割皇帝」と呼ばれた。江沢民氏は2002年に共産党総書記を、2003年に国家主席を、そして2004年に中央軍事委員会主席のポストを、胡錦濤氏にバトンタッチした。

胡錦濤氏は共産党傘下の青年組織「中国共産主義青年団」（共青団）が輩出したエリートの代表格だった。古代から中国の皇帝は、宮廷幹部の子弟と、「科挙」に合格した地方出身の秀才とを両天秤にかけながら統治してきた。その後者にあたるのが、共青団出身者である。

胡錦濤氏は、政策面でも人事面でもバランスを重視しながら、鄧小平路線を歩み続けた。「胡温時代」と呼ばれるように、常に温家宝首相と二人三脚で、「3割皇帝」と呼ばれた。

そんな中国にとって分岐点となったのが、2012年11月に開催された第18回共産党大会である。私はこの大会を、一週間にわたって人民大会堂で取材したが、大会初日に、胡錦濤総書記が自らの10年を総括する1時間41分のスピーチを行い、「改革」を80回も連呼した。その一週間が終わった翌日、習近平という「特異な指導者」が誕生した。

習近平新総書記が、なぜ特異な指導者かと言えば、鄧小平路線を踏襲した前任の胡錦濤氏や、その前任の江沢民氏と、ほとんど「共通言語」を持たなかったからだ。その目指すところは、ズバリ毛沢東路線の復活だった。

ではなぜそんな復古調の政治家が、トップに立てたのか? それはひとえに、世界一激烈な「中南海」(北京の最高幹部の職住地)の権力闘争の所産である。

周知のように、中国では民主的な選挙によって政治指導者を選ばない。すべては、24時間365日果てしなく続く権力闘争の「産出物」として、権力の椅子が決まっていく。

2012年までに、江沢民派(上海閥)と胡錦濤派(団派)は、あまりに激烈な権力闘争を展開したため、互いに消耗し、疲弊してしまった。そこでどちらの陣営にも属さず、ひとりぽつねんといて、両陣営が「神輿」に乗せやすい「無能そうな男」を選んだというわけだ。

それが習近平新総書記だった。このため、当初は「1割皇帝」と囁かれた。実際、記者を前にした「就任スピーチ」を北京で聴いたが、「毛沢東が墓場から這い出してきたような内容」を、モソモソと呟いていた。当時の中国人は、ただ「彭麗媛の夫」と呼んでいた。唯一の取り柄は、歴代最高指導者の中で初めて、標準中国語でスピーチしたことだった。

ところが、私が新総書記誕生を見届けて日本に帰国するや、『日本経済新聞』（11月30日付）が瞠目すべき記事を載せた。「中南海から、江沢民前国家主席が執務室兼住居を引き払った」と書いてあった。そんなバカな？

私は執筆した日経の北京特派員に電話をかけた。「本当か？」「記事には自信がある」「ではなぜ世界的スクープが一面トップでなく9面なんだ？」「それは本社の判断で……」

電話を切ってすぐに、私は再び北京行きのチケットを買い求めた。そして、この記事の信憑性を自分の足で調べ直したのだった。

結論は、どの筋からも、記事は事実だった。しかも、江沢民氏が自ら身を引いたわけではなく、習近平新総書記による「強制退席」だった。それから10年後（2022年10月22日）に、もうひとりの前任者である胡錦濤氏を人民大会堂の壇上から「強制退席」させて世界的な話題となったが、その原点はここにあったのだ。

それにしても、総書記になって初仕事が、自分を総書記に押し上げてくれた「最大の恩人」を追い出すこととは……。「狡兔死、走狗烹」（狡兎死して走狗烹らる）。もっとわかりやすく言えば、昨日までの「のび太」が「ジャイアン」と化したのだ。今後、江沢民派には、恐ろしい血の雨が降るに違いない——。そう確信して帰国した。

その後の展開は、私の予想どおりだった。習近平氏は総書記就任翌月の12月、早くも「八項規定」（贅沢禁止令）をブチ上げ、「トラ（大幹部）もハエ（小役人）も同時に叩く」と宣言。江沢民派の重鎮たちを、「腐敗分子」のレッテルを貼って容赦なく投獄していった。

２０１７年10月に、第19回共産党大会を開いたとき、習近平指導部は、過去５年で153万7０００件も、汚職などで摘発したと誇った。この時点で、「反習近平派」とも言えた江沢民派は、ほぼ壊滅状態に陥っていた。

残るは、「非習近平派」と言える胡錦濤派（団派）の一掃だった。まずは第19回党大会で、習総書記より10歳若い「胡錦濤派のホープ」胡春華党中央政治局委員（トップ25）を、常務委員（トップ７）に引き上げないことで、胡錦濤派を牽制した。

このとき、習近平総書記は、「上からのクーデター」第一弾を断行している。それは、胡春華氏と同世代のホープだった孫政才党中央政治局委員（重慶市党委書記）を、党大会の３ヵ月前に突然、投獄したのである。

これに恐れをなした胡春華氏は、習近平総書記に手紙を書いた。「私はまだ未熟者で、常務委員に上がる資格はありません……」。19回大会は、胡錦濤派の「不戦敗」だった。胡春華氏は党中央政治局委員のまま、２０１８年３月に副首相（４人中３番目）になった。

それから５年の時を経て、２０２２年10月、運命の第20回共産党大会を迎えた。それは習近平総書記にとって、慣例となっている「２期10年」での引退を拒絶し、「21世紀の毛沢東」として、半永久政権を樹立するための大会だった。

10年間、習近平総書記を日々ウォッチしてきて、私はこの政治家の「絶対的な長所」を、２点感じ取っていた。

１つは、毛沢東張りの権力闘争術である。少年時代に父・習仲勲副首相が失脚し、自らも陝西省の梁家河という僻地に7年近くも追いやられた「原体験」を持つ習近平氏は、身をもって毛沢東式の権力闘争術を習得した。他人に野心を悟られないよう、常に無表情で、表面は穏やかに振る舞う。そしてチャンス到来と見るや、冷徹無比に政敵を倒す――。

もう1つの長所は、強運である。この男が何かを望むと、なぜかそれを阻む障害物が崩れて、自ずと道が開けていくのだ。これは部下から直接聞いた話だが、「習主席が地方視察へ行くと、天気予報が雨でも必ず晴れる」のだとか。中国では俗に、「小事は智によって成し、大事は徳によって成すが、最大事は運によって成す」と言う。本当に、習近平氏の強運には、いつも驚かされてきた。

そんな習近平総書記は、2021年7月に中国共産党成立100周年を盛大に祝うと、平然と「21世紀の毛沢東」を目指して歩みはじめた。最大の難関は、2022年8月前半に開かれる「北戴河会議」だった。総書記「3選」を果たすには、この河北省の海岸で行う共産党の非公式重要会議で、生存する20人の長老（元常務委員）への説得が必要だった。

2022年夏、習近平総書記の心境は、「鴻門之会」を前にした劉邦と同様だったに違いない。紀元前206年に開かれた「鴻門之会」は、中国史上最も有名な宴会だ。秦王朝が崩壊しつつあった当時、最大の実力者だった楚の項羽よりも先に関中に入ってしまった漢の劉邦は、項羽から鴻門で行う宴会に呼びつけられる。行けばその場で殺される可能性が高く、行かなければ全面攻撃に遭うのは必至だ。結局、劉邦は宴会に参加するが、途中でほうほうのていで逃げて、何とか生き延びた。

習近平総書記も、「北戴河会議」に行くも地獄、行かぬも地獄だったのだ。2022年夏は、悪名高い「ゼロコロナ政策」などによる中国経済の失速に加え、「プーチンべったり外交」や「戦狼外交」（西側諸国に対し狼のように接する強硬な外交）もやり玉に挙がっていた。「西側諸国との協調路線による経済発展」がレガシーである長老たちにしてみれば、習近平総書記の異例の「3選」などもってのほかだった。

そうした長老の代表は、8月に96歳を迎えて上海で静養生活を送る江沢民氏から、79歳の胡錦濤氏に移っていた。胡錦濤氏は長老たちばかりか、「弟分」の李克強首相をはじめとする現役幹部の一部も巻き込んで、北戴河で習総書記に「引退勧告」を突きつける気でいた。

こうして長老たちが、「習近平包囲網」を敷いて北戴河で待ち受ける中、習総書記に再び、「強運の神風」が吹いた。ナンシー・ペロシ米下院議長の訪台である。8月2日、ペロシ議長が訪台を果たすと、習総書記はこれを理由に人民解放軍を巻き込んで、台湾近海で大演習をおっ始めた。「台湾有事発生により、司令部もろくな防空設備もない北戴河には行けない」。

これに胡錦濤氏らは、怒り心頭となった。「早く演習を終わらせ、北戴河に来られよ」。8月16日からは、幹部たちに通常の日程が入っていた。習総書記はようやく10日に大演習を終わらせ、ゆっくり北戴河に向かった。

「3選は認めない！」――胡錦濤前総書記をはじめとする長老たちは、ほぼ一致して3選に反対した。これに対し習総書記は、「我不退！」（私は退かない）の一点張り。あとは長老たちに何を言われても、沈黙を貫いた。

こうして両者平行線のまま、時間切れの15日を迎え、習近平一行は、予定していた遼寧省へ視察に発ってしまった。16日に遼寧省錦州の遼瀋戦役記念館を視察した習近平総書記は、地元幹部たちに説いた。「ここは毛沢東主席の英明な知略と、人民軍隊の犠牲をいとわない英雄的気質に溢れた聖地だ」。その表情からは、「我が道を進む」と、すでに吹っ切れた様子が伝わってきた。北京へ戻ってまもなく、10月16日から第20回共産党大会を開くと発表した。

党大会の初日は、習近平総書記の10年を総括するスピーチから始まった。私はインターネットの生中継を観ていたが、1時間44分のスピーチで「社会主義」を78回も連呼した。他には、国民へのコントロールを意味する「安全」を44回、自らの時代を意味する「新時代」を25回、自画自賛する「偉大」を22回、「強国」と「闘争」を15回ずつ連呼した。

中国共産党成立100周年を終えた翌月の2021年8月から、習総書記が本格的に唱えはじめた「共同富裕」についても、今後全面的に進めていく決意を示した。つまりは富裕層の収入を調節していくということだ。「共同富裕」は毛沢東主席が1953年に唱えた概念で、「自由」よりも「平等」を重視する社会主義的政策だった。

逆に「市場経済」に言及したのはたったの2回で、しかも2回とも「社会主義市場経済」と接頭語を付けて述べた。前述のようにその10年前の胡錦濤スピーチでは、「改革」が80回も出たことを思えば、鄧小平時代から毛沢東時代への「回帰」は明白だった。ちなみに、約10年で464万8000件も汚職などで立件したとも誇った。

また、これはあまり指摘されていないが、習総書記はスピーチで、「百花斉放、百家争鳴を堅持する」とも述べた。これも毛主席が1956年に提唱した言葉で、「皆で自由に意見を述べよう」ということだ。だが毛主席は、周囲に自由に発言させることで「政敵」を炙り出し、翌年から100万人以上をパージする反右派闘争に乗り出した。

このように、「21世紀の毛沢東」は、「1950年代の毛沢東」をなぞっているのだ。すでに「共同富裕→百花斉放、百家争鳴→反右派闘争→大躍進→文化大革命」という流れの第2段階まで来ている。これは2023年以降、かつて毛沢東主席が定めた敵対すべき「黒五類」（地主・富農・右派分子・悪質分子・反革命分子）が復活する可能性を示唆している。習近平総書記にとっての「新・黒五類」は、さながら富裕層・知識人・青少年・上海、広東人・少数民族だろうか？

共産党大会最終日の10月22日と、翌23日の「1中全会」（中国共産党第20期中央委員会第1回全体会議）では、再び習近平総書記の「上からのクーデター」が炸裂した。

まず、常務委員（トップ7）から、胡錦濤派の李克強首相と汪洋政協主席を外し、来年3月の完全引退に追い込んだ。続いて、胡錦濤前総書記が自分の息子のように育て、「次世代のホープ」だった胡春華副首相を、常務委員に引き上げないどころか、中央政治局委員（トップ25）からも外し、中央委員（トップ205）に降格させるという驚愕の人事を断行した。

さらに極めつけは、世界が「証人」となった23日の「胡錦濤退席事件」だった。これは各種の証拠、証言を寄せ集めると、習近平総書記側が、採決の直前に「胡春華外し」を策動した模様だ。そして「異変」に感づいた胡錦濤前総書記を、騒ぎ出す前に退席させ、「25人」

が定員の中央政治局委員を「24人」にしてしまった——。

かくして、習近平派で常務委員を固めてしまった。序列2位には、元配管工で、浙江省時代の忠臣・李強上海市党委書記を抜擢。上海市の第2四半期の経済成長率をマイナス13・7％まで落とした「ミスター・ゼロコロナ」が、2023年3月に新首相に就任する運びとなった。

序列3位は、父・習仲勲元副首相の墓を立派にして習近平氏に取り入った青海省出身の趙楽際氏。やはり3月に、全国人民代表大会常務委員長（国会議長）に就く。

4位は、上海人で学者出身の王滬寧氏。再婚相手に習総書記の彭麗媛夫人の看護師を娶ることで、習ファミリーに取り入った。5位は、習氏が福建省と浙江省勤務時代に遊び仲間だった蔡奇北京市党委書記。6位は、習氏が上海市勤務時代の秘書だった丁薛祥党中央弁公庁主任。7位は、習氏が青年時代に放逐された陝西省の梁家河を「聖地」にして取り入った李希広東省党委書記だった。これぞ究極の「お友達内閣」！　中国共産党大会を30年見てきた私も仰天した。

この世界の誰も予想できなかった「トップ7」を内外の記者団にお披露目したとき、ご機嫌の習総書記は言った。「皆さんも中国国内の共産党の素晴らしい聖地を旅行してみて下さい」。

その直後に開いた「お友達内閣」の午餐会では、思わずホンネを漏らした。

「這次不要雑音了」（今回、雑音は不要だった）

昇進は「実績」より「忠誠」によって決める。「忠誠心」が薄い胡錦濤派を、まとめて「雑音」扱いしたのだった。そしてその4日後には、お気に入りの「聖地」陝西省延安に、「トップ7」を引き連れて赴き、「参拝」した。国民党軍と日本軍に追われた毛沢東氏らが、1935年から13年間、隠れ住んだ場所だ。その間に、香港市場、上海市場、及び米ナスダック市場中国関連株は一様に暴落を続け、「習近平暴落」と囁かれた。

もはや「中南海」には諫める者もなく、「8割皇帝」となった。2023年、習近平総書記は、自らのスローガンである「中華民族の偉大なる復興」を目指して邁進することだろう。そこのけそこのけ「21世紀の毛沢東」が通る――。果たして中国の壮大な実験は成功するのか?

おしまいに、日中関係についても見ておきたい。9月29日、日中国交正常化50周年を迎えたが、北京で開かれた記念式典は、日本側関係者を仰天させた。

主催者は、習近平主席や李克強首相ではなく、日本側が未知の丁仲礼全国人民代表大会常務副委員長（国会副議長）。国会副議長と言っても、13人いる中で10番目。中国共産党員ですらなく、古生物学者で、弱小野党の民盟主席だ。

習近平主席は同日、岸田文雄首相にあてて祝電を送っている。そこにはこう書かれていた。

〈時代の潮流に従い新時代の要求にふさわしい中日関係を構築するよう牽引していきたい〉

これが何を意味するのかは、11月17日にバンコクで開かれた日中首脳会談で垣間見えた。習主席は、国内での自己の権力が盤石になったせいか、余裕綽々。首脳会談冒頭、「今日は嬉しい」と述べた後、キョロキョロ手元の紙を探して、「岸田先生と会えて」と継ぎ足した。おそらく、日本の首相の名前すら記憶していないのだ。この過去にないレベルの中国首脳の「上から目線」。「中国が上で日本が下」という関係が、習主席が目指す「新時代の要求にふさわしい中日関係」のようだ。日本はこれまで以上に、冷徹な外交が求められる。

第2部　錯綜する米中台と日本

各国の指導者たちがさまざまな形で世界を動かそうとしている。その中で中国，アメリカ，そして日本はどのように動いていくのだろうか。中国についての最も敏感な問題は，かねてから「中国統一」を言明してきた同国が，台湾をどうするかであることはいうまでもない。武力的な侵攻が予想される中，それがいつ，どのような形で行われるのか。ロシアのウクライナ侵略は中国の対台湾戦略にどのような形で影響を及ぼしているのか。一方，それに備える台湾に秘策はあるのか。その際にアメリカはどう動くのか。また「台湾有事＝日本有事」である中で，日本はどのような形でその事態に対応していくのか。

中国との対決姿勢を強めているアメリカだが，国内では分断という深刻な問題を抱えている。これまで「民主主義の盟主」を自任してきたが，その面目は地に落ちた。近年は議会上院・下院で民主党と共和党との間で妥協が見られない中で，行政府との対話も進まず政治は混乱している。中間選挙後の新たな議会構成の中で米議会ではどのような綱引きが行われるのか。そこから内政だけでなく外交上，どれほど有効な政策が打ち出されるのだろうか。アメリカ政治の混迷は，単に国内問題ではなく，国際社会における大きな不安要因でもある。

そして日本である。日米安全保障条約によって日本にとってアメリカは多くの点で最も「近い」国である。一方，地理的には中国は隣国であり，やはり「近い」国である。そしてともに近い国同士であるアメリカと中国が激しく対立する中に日本はある。そうした極めて難しいポジションにある日本は，この両大国の中でどのように対処して国の安全を維持していくのか。この種の議論はこれまでも何度もなされてきた。しかし今度こそ結論を先延ばしにはできない状況にある。そこには抽象的な「べき論」ではなく，「いつ」「何を」「どのようにするのか」という，具体的かつ現実的な方針が策定されていなければならないはずである。

第4章　中国・台湾はどうなる

富坂　聰

2022年の国際政治は、ロシアが発動したいわゆる特別作戦という名のウクライナ戦争に明け暮れた一年だった。

非道な侵略国・ロシアという批判が西側政界やメディアにあふれる一方、ロシアと同じ専制主義国として一括りにされ、排除の空気に呑み込まれたのが中国であった。メディアには、「ウクライナの次は台湾」と、中国の武力行使の可能性を予測する声が満ちた。

そんな中、台湾海峡が「アジアの火薬庫」だと世界が再認識する出来事が起きた。8月2日、ナンシー・ペロシ米下院議長による台湾への強行訪問である。現職の下院議長の訪台には前例もあった（1997年、ニュート・ギングリッチ下院議長）が、中国は激しい反応を見せた。

ペロシが訪台を計画しているという情報が世界を駆け巡った7月25日。定例会見に臨んだ中国外交部の趙立堅報道官は、中国がアメリカに対し「過去に例のない強力な警告を非公式に伝えた」ことを認めた――英『フィナンシャル・タイムズ』の報道を肯定する形だったが

――。

中国が25年前とは違う反応をした理由は1つではないが、中でも重要なのは、習近平政権がもはやバイデン政権を信用に足る交渉相手とは考えなくなりはじめていたことだ。

背後にあるのはアメリカ国民の対中感情の悪化で、それに後押しされた政界の動きだ。「反中」を票田と考える政治家の挑発が続けば、いずれ中国が定めたレッドラインさえ飛び越えかねないという警戒が働いていたのだ。つまり、「ここで強いメッセージを発しなければ、後顧の憂いとなる」との焦りを中国側が募らせていたのだ。

かつてのアメリカは、選挙時には中国に対し攻撃的になったが、選挙が終われば現実的な政策に戻るということを繰り返してきた。しかし、ドナルド・トランプ大統領の再選をかけた対中批判は過熱。対中強硬に拍車がかかると、大統領選挙後に誕生したジョー・バイデン大統領も、厳しい対中政策を引き継いだ。

米議会を覆う対中強硬論やワシントンに根差した対中警戒の声もさらに強まり、対中制裁が据え置かれただけでなく、バイデン政権はさらに同盟国を巻き込んだ対中包囲網の形成へと動き出したのだ。

そうした中、中国が唯一ほっと一息つける瞬間が、米中首脳会談で両者が親しげに言葉を交わした直後だけであった。

しかし、この希望も間もなく崩れ去る。中国は首脳会談のたびに「一つの中国政策」に変更がないとの言質を大統領から引き出すも、実際の行動は「台湾独立勢力への間違ったメッセージ」と中国の目に映ることが繰り返されたからだ。習政権は「言行一致を求める（说到做到）」との批判を繰り返すようになり、この「说到做到」は、今年、中国側がアメリカを批判するキーワードとなった。

事実、前回の首脳会談（3月18日）後の約4ヵ月間に「3人の米議会議員が訪台し3億2300万ドルの兵器を売却。3度の米軍艦の台湾海峡の横断、6度の台湾に関わる法案の提出」があったと『環球ネット』（7月22日）は報じている。またトランプ政権の元閣僚、マーク・エスパー前国防長官は、あろうことか「一つの中国政策」を変更する必要性にまで言及したのだ。

中国側の不信はバイデン本人にも向けられた。5月23日、日米首脳会談後の記者会見に臨んだ大統領は、「中国が台湾に軍事侵攻したら軍事的に関与する意思があるか」と問われ、「イエス」と答え、記者たちを騒めかせた。同じ発言は以前にもあったが、このときは「それが我々の約束した責務だ」とコミットメントにまで言及し中国を驚かせた。

1979年の台湾との相互防衛条約の破棄で消えたはずのコミットメント——台湾関係法とは意味が異なる——に触れたことは中国側の認識を混乱させた。

習政権が「どこかで歯止めを」と焦る中行われた5回目の米中首脳会談（7月28日）では、アメリカ側が「台湾を巡るエスカレートした発言をおおむね避けた」（ロイター通信　7月29日）ことで米中間には一定の落ち着きが戻ったと思われた。

だが、この会談の直後、ペロシを乗せた米海軍C‐40C型機がマレーシアのクアラルンプール近郊の空港を出発し、インドネシアとフィリピンを経由して台湾・松山空港に到着したのだ。

面子をつぶされた中国は、6方面から同島を取り囲む史上最大規模の軍事演習を行うと同時に、米中間の交流の一部を停止した。具体的には、米中両軍の管区幹部間の対話や両国国防部の事務レベル会談、海上軍事安全交渉メカニズム会議および不法移民送還に関する協力や気候変動に関する交渉の停止である。

同時にペロシ議長とその直系親族への個人制裁も発動された。

対台湾ではペロシ離台直後にホタテや柑橘類など台湾企業100社余り（2066品目）の食品の輸入停止と天然の砂の台湾向けの輸出のストップが公表された。また8月中旬には、「頑固な独立分子」7人を公表し個人制裁が科された。制裁対象者は親族を含め対中投資など大陸とのビジネスへの関与が禁じられるという内容だ。「頑固な独立分子」は、2020年11月の第一弾（蘇貞昌、游錫堃、呉釗燮）に続くものだ。

ただ報道の過熱とは裏腹に、こうした中国の反応は抑制された反応という見方が支配的だ。台湾への制裁も、あくまでピンポイントなもので、国務院台湾事務弁公室朱鳳蓮スポークスマンも「台湾の人々との協力と交流の扉は開かれている」ことを強調した。

この理由は後に触れよう。

1　中国軍の戦闘機から台湾沿岸を目視

台湾を取り囲んだ実弾射撃を含む大規模軍事演習は、いざとなれば台湾封鎖も可能だと中国人民解放軍（中国軍）が能力を誇示する意味があった。その爆発音は一部の台湾の観光地にまで響いた。

中国空軍は、戦闘機の操縦士がコックピットから撮影した台湾の海岸線を望む画像を公開。大陸の軍事専門家は「20km も離れていない位置」と解説を加えた。海軍の艦艇から撮った写真には、東岸の花蓮にある和平発電所がくっきり映り込んでいて話題となった。

中国軍はまた台湾の北部、東部、南部の海域へ弾道ミサイル11発を発射。そのうち弾道ミサイル5発が初めて日本の排他的経済水域（ＥＥＺ）内に落下した。

軍事的圧力を前に安穏としていられない事態だが、台湾住民はかえって落ち着いていたという。台湾の民間シンクタンク「台湾民意基金会」は、「78・3％が『怖くない』と回答した」というアンケートを公表した。

しかし、実態はそれほど単純ではなかったはずだ。株価情報を伝える『Kabutan』は市況ニュース（8月2日）でペロシ訪台により「台湾株は0・8％下落して始まり、すぐに下げ幅を拡大」、「台湾ドルは対ドルで0・23％安、30・6台湾ドルと、約2年ぶり安値」となり、

「リスク回避姿勢が強まり、台湾金融市場から資金が流出」したと分析した。

台湾軍はもっと深刻だった。

米『ニューズウィーク日本版』の記事〈口先だけのアメリカに頼れない台湾の、パイロット不足の背景とは?〉(8月23日)によれば、「いつもと変わらぬ人々の表情とは裏腹に、台湾軍の関係者は深刻な危機感を抱いていた」と指摘した。「アメリカは口先では中国を非難したものの、演習を止めたり、妨害しなかった」ことに加え、「原子力空母ロナルド・レーガンなど米海軍の艦船が台湾近海に派遣されたが、中国の演習が始まる前に撤収してしまった」という実態も暴露した。

実際、今回のペロシ訪問の裏でバイデン政権の対応はかなり混乱し、彼女を持て余していた。出発前、この問題を記者から問われた大統領(7月21日)は「軍は良いとは考えていない」と回答。ロイド・オースティン国防長官も、「話し合っている」と、暗に説得していることをにおわせた。

つまり米紙『ブルームバーグ』(8月4日)が記事〈訪台計画見直さないペロシに米当局者は激怒、説得に応じずと関係者〉で報じたように、水面下では訪台阻止に動いたものの、それに応じないペロシに苛立っていたのだ。

議会ではペロシの属する民主党が沈黙気味となる中、かえってライバルの共和党がいち早く訪台を支持するというねじれ現象もみられた。専門家の中からは、「中間選挙を前に空から降ってきた『敵失』に付け込む動き」と分析した声も聞こえてきた。

英誌『エコノミスト』(8月2日)はこのドタバタを、〈ペロシの訪台はバイデン政権の支離滅裂な戦略の露呈〉と表現した。

アメリカには本来、7月29日付『フォーリン・アフェアーズ』のタイトル、〈ワシントンはペロシ訪台にかかわらず中国との対決に備えるべき〉といったタカ派の論調もある。バイデンはそうした空気にも配慮しつつ両国関係の安定にも苦慮したとの思いだろう。

ロイター通信は8月5日の記事〈焦点：台湾巡る緊張、中国との衝突を避けたい米海軍に課題〉で、「ペロシ氏の移動はコントロールできないが、アメリカの反応はコントロールできる」と語る国防当局者の発言から政権の配慮を読み解いている。

例えば米軍は「南シナ海を避けた遠回りの飛行ルートを取り、米軍空母もわざわざ南シナ海を避け」中国との衝突を回避したことなどだ。事実、ペロシ機は通常4時間のフライトを約7時間かけて飛んでいるのだ。

またホワイトハウスは、ペロシ訪台が不可避だとなった瞬間から、「議長訪中は過去にも前例」「米政府の『一つの中国』政策の変化を意味しない」と、訪台の意味がないと強調することで火消しに努めた。

2 台湾の安全保障に何の役にも立たない訪台

一方の習政権はどうだっただろうか。当然のこと、国内世論の沸騰で一時は針の筵だった。

反応の激しさは中国のSNSに明らかだ。

「アメリカを直接攻撃しろ!!」

「軍を出せ。そうしたら終わる。もし戦いになれば、俺たちは呼ばれなくても行く」

「撃て！　オレが最初の戦死者だ。戦い以外に何があるというのか」

普段はタブーとされる習個人への攻撃や軍批判にも踏み込み、中には「軍は紙の虎（張り子の虎）か」「リーダー失格」といった挑発的な書き込みもあふれたのだ。

外交部の華春瑩次官補は「中国人民の愛国は理性的だと信じている」と慌てて呼びかけたが、これは放置すればブレーキが効かなくなることを懸念した反応だろう。

5年に一度の共産党大会開催を控え、建軍記念日の直後のペロシ訪台というタイミングに加え、5回目の首脳会談が終わったばかりで主席の「面子」が潰されたのだから、習政権には二重三重の屈辱だった。

ただ繰り返しになるが習政権が示した反応は、極めて抑制されたものだった。

ペロシ訪台に習が「火遊びをすれば火傷する」と警告した点にメディアは過剰反応したが、これも従来から繰り返してきた発言だ。

興味深いのは、ペロシの訪台が中国に対する攻勢のように見えて、結果は必ずしもそうではなかったことだ。実際、中国が焼け太ったとする見方は少なくない。

第一、ペロシ訪台後の軍事演習により中国軍は台湾島への大接近を果たし、台湾が定めた「一線」をやすやすと突破してしまったのだ。

オーストラリアのケビン・ラッド元首相が語った通り「台湾自身の安全保障上にとって何の役にも立たない訪台」だったのである。

また外交的にも、2日間で170ヵ国以上の国が何らかの形で中国の「一つの中国」への支持を打ち出したことは、台湾からすればかえって中国支持——もちろん台湾への対応という意味ではないが——を再確認させる機会を与えてしまったことになるのだ。

ドナルド・トランプ元大統領がSNSで「（彼女は）ただ悪化させるだけ」という評価——政敵だから割り引いて考えなければならない批判だが——もあながち間違っていないのかもしれない。

バイデン政権にとっての痛手は、米紙『ブルームバーグ』（8月10日）が記事〈ナンシー・ペロシの訪台でバイデンがテコ入れしてきたアジアにおける中国への対抗軸は台無し〉で記したように、アジア各国がペロシ訪台に冷淡な反応を示したことだ。

ペロシの行動は、中国がレッドラインと警告した一線をあえて踏み越える挑戦であり、そこにはアジアが火の海になる可能性もあったのだ。それを指摘されても一顧だにせず、自らの政治レガシーや選挙など国内の都合を優先させたことに、「頼もしさ」ではなく「危険な一面」を感じ取った国がアジアに多くあったのだ。

8月4日付で時事通信社が配信した記事〈ASEAN（東南アジア諸国連合）、米議長訪台に衝撃　外相会議で急きょ協議〉も、ASEAN外交筋の話として「ASEANは議長の訪台に驚いている。加盟国は地域の緊張を高める訪台は控えるべきだったと考えている」と現地の受け止め方を伝えた。

ペロシを迎えたシンガポールのビビアン・バラクリシュナン外相も、アメリカがもし本当に台湾を支援したいのならペロシ訪台よりもっと「賢明な（台湾支援の）方法がある」と苦言を呈したとされる。

つまり危険な賭けに出る蔡英文政権に利用価値を見出すのはアメリカだけで、アジアは概して「対立を持ち込まれること」を強く警戒していることが明らかになったのだ。

3 平和統一は中国による一方的な宣言

ペロシ訪台に軍事演習で応えた中国に先進7ヵ国（G7）は、軍事演習を非難する共同声明を発した。日本の排他的経済水域にもミサイルが着弾し、岸田政権も中国非難のG7声明に名を連ねた。日本国内では防衛力強化を求める声も高まった。

だが、国家統一は共産党の極めて神聖な目標だ。どんな強い力が彼らの祖国統一の意志を挫けるのだろうか。力で彼らを抑え込むという考え方は現実的ではない。

実は、ここ数年の台湾問題には忘れられた視点がある。少し発想を転換すれば、台湾海峡を覆うきな臭い煙は日本独力でも取り除けるという発想の転換だ。キーワードは「九二コンセンサス（＝九二共識）」だ。

九二共識は1992年、共産党と中国国民党（国民党）が「一つの中国」で認識を共有させた作業を指す。中台の対立では長らく、衝突回避の歯止めとなってきた。

いうまでもなく中台対立の根は、共産党と国民党の内戦に遡る。その基本構造は21世紀の今日も変わっていない。

この内戦に平和統一の考え方が入り込んだのは、アメリカや国際社会、ましてや台湾が勝ち取ったためではない。中国側の一方的な宣言だ。1979年1月1日の「台湾同胞に告げる書」を葉剣英全国人民代表大会常務委員長が九項目提案へと進化させ、最終的に鄧小平が「一国二制度」へと昇華させてゆくのだ。

当時の中国が平和統一へと舵を切った理由は1つではない。例えば米軍の抑止力や米政府が台湾に売却する兵器の性能に制限を加え、両岸のバランスに貢献した点も見逃せない。しかしやはり重要なのは、共産党自身が戦争よりも経済発展を優先した政策の転換だ。

ただし共産党は、手放しで平和統一を呼びかけたのではない。前提条件として中台それぞれが「一つの中国」を共有すること求めたのだ。そして中台双方が台湾海峡での緊張が高まることを回避するため、行き着いたのが九二共識だったのである。

だが、2016年に誕生した蔡英文政権（民主進歩党＝民進党）は、九二共識にあいまいな態度をとり、習政権が「独立」を疑う言動を続けた。これが対立激化の入り口だ。

九二共識については「(中台）双方の考え方の一致がない」との主張もある。しかし相違は「一つの中国」の一つが「中華人民共和国」か「中華民国」かであり、本質的な問題ではない。というのも中台は九二共識を前提に関係を築き、台湾はその中から多種多様のメリットを得てきたからである。

台湾が国際機関に参加する道を中国が開いたこともその1つだ。2020年、コロナ禍中で世界保健機関（WHO）から排除される台湾に注目が集まった。日本のメディアの多くは「中国の妨害」だと解説したが、実は蔡政権による九二共識の否定がその原因だ。

事実、台湾は2017年までの8年間、WHOにオブザーバー参加していた。もし九二共識を認めれば、おそらく復帰も可能だ。

また中国に進出した台湾企業は「一つの中国」を前提に多くの優遇政策が認められ、大陸で有利な競争をすることができた。両岸の往来や通関でも特別扱いを受けている。

そして繰り返しになるが、最も見落としてならないのは、九二共識が中台の対立激化を防ぐ安全装置として機能してきた点だ。

その安全装置を一方的に破棄すれば、大陸がどんな反応をするのかは明白だった。

日本はこの問題で「一方的現状変更に反対」と中国をけん制する。しかし、安定していた関係を変更したのは、むしろ蔡政権が先なのだ。

つまり台湾海峡の安定は、蔡政権に九二共識への回帰を促せばすぐに達成できるのだ。

4　台湾がアメリカに払う高い代償

だがライバルの国民党と闘う蔡政権にとって、海峡の安定は必ずしも追い風ではない。

2018年11月の台湾統一地方選で大敗し、民進党党首を辞任した蔡が総統選挙で再選できたのは、ひとえに香港デモなど中国への反感が高まったからだとされている。ゆえに反中は政権浮揚のためのマストアイテムなのだ。

この蔡政権の思惑とウインウインなのがアメリカである。台湾を使い中国をけん制し、対立を背景に兵器の購入を迫れるからだ。

実際、台湾は高い代償を払っている。

例えばトランプ政権の国務長官、マイク・ポンペオは訪台時、台湾の公務員の退職金基金を自ら関わる金融コンサルタントに関与させることを要求。4月には超党派議員団を率いた共和党のグラム上院議員や民主党のメネンデス上院議員が蔡総統にボーイング787の購入を公然と求めた（『聯合報』）という。

さらに前述エスパー元国防長官も、軍事予算を国内総生産（GDP）比で倍増させ「全民皆兵」への変更を迫ったというのだ。

兵器だけではない。蔡政権は、自らが野党時代に猛反対した成長促進剤を使ったアメリカ産豚肉について、国内の多くの反対を押し切って輸入への道を開き反発をかった。

反中政策の継続のため大盤振る舞いする蔡政権の持続性を心配する見方は尽きない。

そもそも4年前の統一地方選で敗退したのは、有権者の内政への不満が原因だった。それを反中一本で跳ね返そうとする民進党が、いつまでも政権に留まることができるのかを疑問視する声は少なくない。

中国がペロシ訪台で抑制的な反応をした1つの理由も、実はここにあるとされる。事実、ペロシ訪台の前後で政権への支持率は低下――もちろん民進党有力議員のスキャンダルが続いたという要素もあるが――しているのだ。

台湾政治の現状は、たとえ民進党が国会や総統ポストを押さえていても、地方議会における議員の数は国民党が圧倒している。つまり巻き返しの基盤はまだ健在なのだ。

台湾政治そのものが不安定なバランスの中で揺れていて、いつまた中国と距離を縮めるかわからないのだ。

8月26日、中国の国際情報紙でタカ派の『環球時報』は台湾海峡に触れた記事で、「軍事衝突の可能性がほとんどないなか」という表現を用いた。この意味は、時が大陸の味方をするとの余裕のためかもしれない。

第5章 アメリカはどうなる

ロメイ・小百合

ロシアによるウクライナへの侵略戦争は、初期の予想を大きく外れ、今や8ヵ月以上も続いている。日々刻々と戦争の非人道的行為・悲惨さが報じられ、戦況は泥沼状態に落ち込み、もはや抜け道のない苛烈な現状となり果て、国際的緊張感は極度に高まり、ロシアは国際社会を秩序なき恐怖状態に落とし込めたと言えるだろう。

２０２１年10月、ジェイク・サリバン国家安全保障担当補佐官の任務を受けた諜報員は、ジョー・バイデン大統領に、ロシアのウラジーミル・プーチン大統領がウクライナへの本格的な侵略を計画していることを示す極秘の諜報分析を提示した。

アメリカはこの重大な危機にどのように対処するつもりだったのだろうか。

２０２１年のアメリカのアフガニスタンからの撤退後、アメリカに対する信頼度は極度に弱まり低下し、アメリカ自身の決意が大きく揺らいでいることが懸念された。さらに、ドナルド・トランプ前大統領が4年間にわたり、ＮＡＴＯとアメリカの他の同盟国を絶えず弱体化させたことにより、同盟国は猜疑心を抱き、それが深まることによる不安な状態により、同盟国は衰退した状態に置かれていた。アメリカへの信頼度を上げ、再び回復し、分断されたNATOを統合し、汚職問題を抱えた若い民主主義国家であるウクライナを支援することは、バイデン大統領にとっては非常に困難な仕事であり、どのような形で解決するかは実に厳しい道であった。

アメリカの諜報機関によると、ロシアはキーウを3〜4日以内に迅速に占領し、ウクライナのウォロディミル・ゼレンスキー大統領を解任し（必要に応じて殺害し）、傀儡政権を樹立することを計画していた。当時、ロシアは侵攻の計画は一切否定していたものの、侵攻に至るまでの数週間でウクライナ国境近くに推定10万人の軍隊を集め、ロシアの多くの場所で軍事演習を行っていた。

しかし、アメリカの同盟国は、このアメリカの評価・推察判断に非常に懐疑的であり、ロシアが実際に侵攻を進めるとは信じられないことだ、と思っていた。

実際、ロシアのウクライナ侵攻に至るまでの数ヵ月間、バイデン大統領は、ロシアが間もなく侵略しようとしている、と同盟国を説得するために、モスクワの意図・思惑に関する機密情報の機密解除を決定したくらいだった。アメリカ国家情報長官アブリル・ヘインズは、「我々が同盟国の政策立案者（ポリシーメイカー）にロシア侵攻計画の情報を説明した時、彼らはそのことについてかなり懐疑的であった。」とその後のインタビューで語った。ウクライナでさえもアメリカの評価・判断に同意せず、ゼレンスキー大統領はバイデン大統領に、ロシアの侵略の脅威についての「メッセージを落ち着かせる」よう頼んだ、と言われている。

2022年1月下旬、ウクライナ国防相オレクシー・レズニコフは議会で、「今日の時点で、『ロシアが侵略する』と信じるに足る根拠はない。（…）心配することはない、よく眠れ」と語っていた。

バイデン大統領は、一貫して、ウクライナに対するアメリカの支持を公に示してきた。ウクライナ戦争におけるアメリカの目標・意図に関するニューヨーク タイムズ紙の質問に応えて、バイデンは5月下旬に論説を書き、次のように述べている。「アメリカの目標は実に単純だ。民主的で独立し、国家主権を持って繁栄するウクライナが、さらなる侵略を抑止し、防御する手段を持つことを、我々は強く望んでいる。」

バイデンは、2022年6月30日にマドリードで開催されたNATOの首脳会議において、ウクライナに対するアメリカのコミットメントを繰り返した。「私たちはウクライナの勝利に固執して譲らないつもりだ。」そしてバイデンは付け加えた。「実際、ウクライナが敗北しないことを保障するために、必要な限り、NATO同盟のすべてがウクライナに固執するだろう。」

それを表すためにも、バイデン政権とヨーロッパの同盟国は、ウクライナに数十億ドル相当の軍事援助を送った。そして、アメリカは、ウクライナの能力に最も適したソビエト時代の弾薬と装備、対戦車ジャベリンミサイル、大砲、ロケットランチャーなどの重要な戦術兵器をも送った。また同時に、ロシアへの経済制裁を通じてロシア経済・プーチン政権と蜜月な関係を保つ富豪たち（オリガルヒ）に対する膨大な圧力をかけはじめた。

しかし、バイデン大統領のスタンスは、ワシントンのすべての政治家に共有されているわけではない。

実際、共和党はウクライナ戦争に関しては分裂している。

ウクライナに武器を送るだけでは不十分であり、アメリカはロシアに対するウクライナの勝利を目指し、ロシアの「屈辱的な敗北」に積極的に貢献する必要があると主張する人もいる。例えば、ジェームス・リッシュ上院議員（アイダホ州・共和党）は次のようにコメントしている：「私たちが参加するのであれば、彼らが勝つために必要なものを提供する必要がある。」と。

これらのレーガン共和党員はバイデン政権により近い立場をとっており、ウクライナが戦争に勝つのを助けることでより多くの支持を得てはいるが、一方トランプ前大統領に近い他の共和党員は、非常に異なるスタンスを持っている。

トランプはウラジーミル・プーチンの「親友」であることが知られており、彼の同盟者の何人かは同様の立場を取っている。例えば、ジョシュ・ホーリー上院議員（ミズーリ州・共和党）は、2022年5月にウクライナへの400億ドルの援助パッケージに反対票を投じた。さらに、彼はスウェーデンとフィンランドのNATO加盟にも反対票を投じた唯一の上院議員だった。彼の理由によると、アメリカ側の支出は「ヨーロッパがアメリカにたかる（freeload）」ことを許すことになり、「アメリカの利益にはならない」というものだった。

しかしながら、彼のトランプ流の「アメリカ・ファースト」の外交政策の立場は、皮肉なことに常にモスクワを支持しているかのように見え、モスクワの論点を繰り返すことになってしまう。

ホーリーの立場はアメリカの政治において支配的ではないにしろ、共和党内にそのような声が存在するだけで、ロシアがドナルド・トランプのようなトランザクショナルな（個人的取引を好む）人物たちを利用して、何十年にもわたってアメリカの政治に影響を与えようとしてきたことを明確に示している。

アメリカの現実主義者（リアリスト）の中には、「領土の割譲」を迫る人もいる。例えば、元国務長官のヘンリー・キッシンジャーは、2022年5月に交渉をできるだけ早く開始することを提唱した。しかしこれには、必然的にウクライナとロシアのクリミア支配による譲歩が必要になり、キッシンジャーの立場は、アメリカやヨーロッパで、「臆病でかつ近視眼的」であるとして、多くから嘲笑されてきた。実際、そのようなシナリオは非現実的であり、ウクライナ側がそれを決して受け入れないだけでなく、侵攻側と被侵攻側の区別を逆転された形で飲み込むことは、将来的にロシアによるさらなる戦争と侵略への扉を開き、それを繰り返す危険にもつながる恐れが大きい。

プーチンの侵略計画に対するアメリカの評価判断は正確だったかもしれないが、ロシアとウクライナの軍隊がどのように行動するかを正しく予測してはいなかった。

多くのペンタゴンのアナリストは、ロシア軍は能力が高く、有能な軍人の指揮の元にあり、彼らの軍装備は「喧伝」どおりに機能すると想定していた。ミハイル・ゴルバチョフなる登場人物がHBOドラマ『チェルノブイリ』で語った「我々の力は、我々の力の認識から生まれる。」のごとくである。

ところが、ウクライナでのロシア軍の優れているとは言えないパフォーマンスは、アメリカの多くの専門家にとっては、実に驚きだった。もちろん、敵への過大評価は過小評価のように壊滅的な結果をもたらすわけではないが、この誤った予測により、潜在的に将来の台湾有事に照らし合わせて、中国軍の評価の正確性についてワシントンで議論が生じたほどだ。

退役軍人、チャールズ・フーパー中将がカーネギー国際平和基金とのインタビューの折に、ウクライナ紛争は「十分に供給され、十分に動機づけられた防御側が、明らかに優れたとされている敵を効果的に混乱させ、打ち負かすことさえできることを示した。」と説明した。フーパーはまた、紛争は、防御側（この場合はウクライナ）が軍事紛争のコストとその期間の長さを大幅に増加させ、攻撃者側に損害を与える可能性があることをも示していると付け加えている。この事実は、中国が、ウクライナへの圧倒的な世界的支持に驚いた可能性があるという事実と相まって、台湾に対して、彼らが想像していたよりもはるかに攻撃が複雑である可能性がある、という中国側への効果的な教訓になったかもしれない。フーパーはまた、「中国、ロシアの軍隊と米軍の明らかな違いは、軍事文化そのものであり、すべての米軍将校は、訓練の最初の段階から、『許可を求めるよりも許しを請う方が簡単である』ことを学ぶ。」という興味深い点をあげている。米軍の将校は、急速に変化する戦闘状況の中、自分自身の判断を信頼し行動に移し、その行動の後に自らの行動の理由を説明することを学ぶ。そして彼らは、特に好ましい成果が得られた場合、上司が彼らの行動をサポートしてくれることを期待する。このタイプの軍事文化の信条は、ロシアや中国の軍事文化に存在しているわけではない。これらの能力は、戦争での戦果成功に不可欠であるにもかかわらず、ロシア軍で見られる限り、まったく存在しないと言える。

ロシアに対する中国の支持が揺らいでいる可能性を示す兆候は、2022年9月にウズベキスタンで開催された両国間の首脳会談におき、中国共産党国家主席・習近平が実に慎重にウクライナへの言及を避け、ロシアの政策を支持することを回避し、その代わりに中国とロシアの政策についての一般的な世界観についてコメントをしたことである。ウズベキスタン首脳会談は、世界からますます孤立しているプーチン大統領にとっては重要な一歩だった。この首脳会談の結果は、侵略の2週間前の2022年2月初旬に発表された中国とロシアの共同声明から比べると「重要なトーンの変化」として見ることができる。しかしながら、習近平がロシアのウクライナ侵略を非難するためにさらに一歩踏み出すとは想像しがたい。

アメリカやその他の地域で広まっていると思われる誤解の1つには、ロシアに科された制裁は機能しておらず、ロシアよりも西側諸国の方に損害が及び、ダメージを与えているというものだ。ロシア自体は、常に、同国は制裁の影響を受けず、欧米は制裁を解除すべきだというメッセージを伝えている。イェール大学による詳細な調査によると、制裁は実際にはロシア経済を麻痺させており、ロシアは西側からの輸出に完全に依存しているため、短期的にも長期的にも、制裁はモスクワに壊滅的な影響を及ぼすだろう。それ故に、制裁は非常に効果的であり、今はそれを解除するときではない、と発表している。

この戦争がますます明らかにしているもう1つの側面は、アメリカやヨーロッパの政治的傾向の両極が、ロシアのウクライナ侵攻を支持しているか、それを正当化しているということである。「反帝国主義者」と自称する左翼側の何人かは、「平和主義と外交」という言葉を盾に、NATOとアメリカに非難の矛先を向け、「NATOの拡大がプーチンを追い詰め、それが元でウクライナ侵攻をさせた。」と主張している。例えば、哲学者ノーム・チョムスキーは4月のインタビューで、「アメリカがウクライナをロシアの影響圏から引き離そうとしたために市民運動『ユーロマイダン』が起こり、そしてアメリカがウクライナ人にロシアと戦うように扇動した」、と示唆している。この見方は完全に偏っていると言えよう。それは、国としてのウクライナの自己決定権と、ウクライナがロシアからのアイデンティティと独立を確保するために闘ってきた努力を真っ向から否定することであり、完全に間違った見解である。

すべての国は、自決権と独自の同盟を決定する権利を持つべきであり、ウクライナ人がアメリカによって強制的に戦わされ、アメリカとNATOも過去に多くの血なまぐさい戦争に関与したという見解は、左派の専門家によってもしばしば持ち出される。過去の多くの戦争（ベトナム、イラク、アフガニスタンなど）が完全な失敗、または不当な介入であったとするならば、今このウクライナのレジスタンスがモスクワの犯罪者に勝利するのを援助することとは、自由な選挙で選ばれたウクライナのゼレンスキー政権を転覆させようと不当に侵略したロシアに抵抗し、真の民主主義、独立、自由のために戦うという深い意味を持ち、これこそが民主主義獲得の唯一の戦いであると確信する。

政治的情勢上での右派では、有名なFOXニュースのホストであるタッカー・カールソンのような人物も、ロシアに対するアメリカとNATOの挑発的で挑戦的な行動のために、プーチンが脅威を感じて、このような戦争状態になったと常に主張しロシアを正当化している。カールソンはまた、ウクライナ人は「すべてにおいて不幸な駒にすぎない」というチョムスキーの論点を繰り返し、ウクライナの自由意志を再び否定している。2022年3月に暴露されたメモの中で、クレムリンは、自国に好意的な言動をする報道機関に、タッカー・カールソンのビデオをより多く使用し、役立てるようにとの要求書を送ったことが判明した。

2022年9月に公開されたThe Atlanticでのジェームズ・カーチックの記事は、この傾向を非常に効果的でわかりやすく説明している。現実主義者、つまりヘンリー・キッシンジャー元国務長官と有名な政治学者ジョン・ミアシャイマーは、「西側諸国はロシアとの長期的な関係と、中国に対する将来の平衡錘（へいこうすい・カウンターウェイト）としての可能性を見失うわけにはいかない。」と主張している。ミアシャイマーはまた、「アメリカとそのヨーロッパの同盟国がこの危機の責任のほとんどを共有している。」と述べている。ワシントンD.C.の比較的新しいシンクタンクであるクインシー国家技術研究所でも、「ロシアの侵略は、アメリカ、NATO、ウクライナに責任がある。」という同じ主張を支持・表明して、それに抗議した2人のフェローはこの研究所を辞任した。

Politicoで2022年5月に報告されたように、西ヨーロッパの指導者たちは、ウクライナが実際に勝利した場合に何が起こるかについても心配している。そのため、一部の西ヨーロッパの政府は、たとえウクライナの領土がいくらか犠牲になったとしても、この紛争を丸く収めるため、面目・名誉を守るための解決策を荒波を立てずに静かに支持するという、実に偽善的な対応をしている。

フランスのエマニュエル・マクロン大統領、ドイツのオラフ・ショルツ首相、そして当時のイタリアのマリオ・ドラギ首相は、ロシアがウクライナ領土から全軍を撤退させることを要求せずに、できるだけ早く停戦につながるようにと、公に話しはじめた。これも、ロシアには譲歩しない姿勢は保ちつつも、真っ向からロシアに対する批判を避けたいという、矛盾の一例ではある。

ここで、外交と実戦場の両面で、今までのロシアの一連の失敗の責任を負っているのはプーチン大統領である。プーチンの自伝とみなしてよい『自らを語る』では、プーチンは少年の頃、巨大なネズミを追いかけていたことを語っている。追い詰められて必死になったネズミは、プーチンに飛びかかってきたそうだ。プーチン大統領は常に、ロシアがネズミのようにますます追い詰められていると感じているという強迫観念からくる「犠牲者としての言い訳」を強調している。クリスティーナ・クヴィエン元アメリカ臨時代理大使がコメントしているように、プーチンがウクライナについてそれほどにも心配している主な理由の1つは、今現在、現実的にウクライナがロシアを見限って、西側諸国に近寄り、自由主義の世界を築き上げることに成功して、すでに民主主義の主権国家となっており、ウクライナ人が享受する自由を多くのロシア人も望むかもしれないという恐れがあることを、彼はよく知っているからである。

同じようにこれらは、台湾が中国人にとって魅力的になりすぎるのではないかという中国の恐れに端を発し、台湾の民主主義を弱体化させようとする中国政府の絶え間ない強い試みにも強く反映している。

イラク、アフガニスタンでのアメリカの政策の何年にもわたる失敗と、アメリカの諜報機関によるいくつかの失敗の後、アメリカはついに、ウクライナでの戦争に対する姿勢を通じて、その信頼性を強化することに成功した。さらに、プーチンの侵略戦争により、その数ヵ月後にはNATOを強化し、さらに拡大することさえできた。ドナルド・トランプ前米大統領がNATOからの離脱を示唆し、危機を浮かび上がらせたことは有名であり、内外で何度か中傷した結果、NATOは幾分分裂はした。しかし、今度のロシアのウクライナ侵略戦争を間近に見ることにより、第2次世界大戦後、中立国であったフィンランドとスウェーデンが、すぐにNATOへの加盟を申請したことは非常に興味深いと言える。

両国は、1994年にNATOの公式パートナーとなり、それ以来同盟に貢献してきた。近年、ロシアの潜水艦がストックホルム群島の水域に侵入したり、ロシアの軍用機がスウェーデン領空を侵犯したりしたことで、スウェーデンはかなり神経質になっていた。

フィンランドはまた、近年のロシアの領空侵犯を嘆いており、フィンランドの世論調査では、2022年にNATO加盟に賛成するという顕著な変化が現れた。

フィンランド人のNATO加盟への支持は、2021年のわずか34%から2022年5月には圧倒的な76%に急上昇した。2つの強力で先進的な民主主義国が、この決定的な瞬間にNATOへの加盟を迅速に決定したという事実は、プーチンが代表する巨大な脅威についての多くを物語っている。

間近に控えたアメリカの中間選挙で共和党が勝利した場合、トランプ支持の共和党員がプーチン氏に好意を示すことになるという非常に現実的なリスクがある。例えば、マット・ゲーツ下院議員(フロリダ州・共和党)は、2022年11月に共和党が下院を制圧した場合、ウクライナに対するアメリカの支持は終了する、とすでに宣言している。

ウクライナ、そして国際法に対する多くの違反でモスクワを非難してきたロシアの野党指導者アレクセイ・ナワリヌイが最近、ワシントン・ポストに掲載された希望に満ちたエッセイで書いたように、プーチンがこの戦争に勝ってはならないだけでなく、侵略の結果がロシアの利益になってはならないし、西側の指導者たちは、世界の未来を見据えてウクライナでの戦争に取り組む必要があり、そして、ロシア政府が将来戦争をはじめたくない、戦争を魅力的だと思わないことを確実にする必要がある。また、民主主義世界の専門家や指導者たちが、ロシアが戦争を開始するのを防ぐ方法をさらに一歩進めて慎重に検討することが必然となろう。今のところ、それは非常に難しい作業のように思えるが、ロシアが敗北した後、ロシアがどのような形をとった国家になる可能性があるかを自問すべきである、と力強いメッセージを送っている。

第6章 分断し多元化する世界と日本の外交・安全保障

宇佐美正行

1 分断し多元化する世界を生き抜く準備はできているか?

本年(2022年)9月に開かれた国連総会の一般討論演説。新型コロナウイルス感染症の地球大の蔓延と一応の落ち着きを経て、3年ぶりに本格的な対面方式で行われた。各国首脳の肉声が久々に総会会場に戻って来た。ウクライナのゼレンスキー大統領は事前収録のビデオ演説となった。

関心は、当然ながら2月に起こったロシアによるウクライナ侵攻をめぐる各国の姿勢へと注がれた。そのやり取りを総括すれば、予期されたとおり、いやそれ以上に、国連の場が皮肉にも今日の国際社会の構造的な脆弱さを映し出す光景となったことだ。

欧米諸国、そして日本の首脳はロシア批判に多くの時間を費やし、権威主義国家ロシアによる明らかな侵略行為を糾弾した。今日の国際秩序の根幹である国連憲章の武力行使禁止原則が安保理常任理事国によって破られた驚きと怒りが込められていた。

返す刀で攻撃の矛先は中国にも向けられた。バイデン米大統領は中国との新冷戦を望んでいないと強調する一方で（中国を名指ししなかったが）、民主主義の有用性や価値観の重要性、新疆ウイグル自治区の人権問題に触れて中国を牽制した。

さらには、新興国・途上国などロシアの侵略行為に対して旗幟鮮明でない国々に対しては、新たな帝国主義に加担しているとの痛烈な批判も浴びせられた（マクロン仏大統領）。

しかし、アフリカや中東、中南米諸国などは「新冷戦の温床になりたくない」と慎重な姿勢を見せた。インドのジャイシャンカル外相はロシアを支持も非難もせずに「平和、国連憲章を尊重し、対話と外交を求める側だ」と中立を強調した。その数日前にはモディ首相がプーチン大統領との首脳会談で「今は戦争の時代でない」と懸念を伝えたのとは好対照であった。

国連総会の場に映し出された姿は、一方では民主主義対権威主義で色分けされた「分断する世界」の姿であり、と同時に、他方で着実に進行する「多元化する世界」の姿でもあった。それは冷戦後の国際秩序を形作ってきた欧米主導による「リベラルな国際秩序」の衰退を告げる姿でもあった。

アメリカ主導による冷戦後の国際秩序により最大の利益を享受してきた日本は、この秩序が大きく動揺して世界が「分断」と「多元化」の同時進行により分散し始めた変動期を生き抜く準備はできているのだろうか。

岸田総理は、5月26日の都内で開かれた晩餐会で演説し、「アジア発の新たな国際秩序」が必要だと提唱した（第27回国際交流会議「アジアの未来」）。演説の中で岸田総理は、「国際秩序の揺らぎに対応し、いかなるアジアの未来を構想していくか。世界が歴史の分岐点にある」との認識を示した。

その上で、アジア諸国に向けて「米中どちらかにつくかではなく、普遍的価値と平和秩序を守るか失うか」の問題だとして協力を求めた。

しかし、その主張とは裏腹に、岸田政権の対外戦略はあまりにもアメリカ一辺倒の動きが目立つ。アメリカの対中戦略が、軍事面に加え先端技術を含めた経済的封じ込めによるゼロサム的戦略の色彩を強める中、それに追随する姿はあっても、中国との戦略対話やアセアン諸国との外交構想の共有など、多元的世界に向けた日本独自の骨太の外交戦略は見えてこない。

本章では、以上の視点を踏まえながら、今日の日本の対外戦略の枠組みとなっている安倍政権期の構想を再評価、再定義することで、これからの日本の外交・安全保障の可能性を考えてみたい。執筆に当たって参照、引用した文献は本章の最後にまとめて掲載している。

2　未完に終わった安倍戦略—アメリカに乗っ取られたインド太平洋構想

2022年7月8日。安倍晋三元総理は参議院選挙の演説中に凶弾により非業の死を遂げた。総理在任期間は、第一次政権を含めれば通算で8年7ヵ月に及び憲政史上最長であった。この間の外交手腕は国内外問わず称賛の的となった。「価値観外交」を推し進めつつも

インド太平洋をめぐる日米戦略モデルの比較

日本モデル	アメリカモデル
[戦略論的・包摂的なインド太平洋論]	[競争的(排他的)インド太平洋論]
・イデオロギーを強調せずに,例えば米中印3ヵ国間の勢力均衡を通じた地域の安定を図る。 ・インド太平洋構想と一帯一路構想との接点を見い出しつつ,地域秩序の構築に中国の参加を促すなど包摂的な性格を有する。 ・大国間協調やアセアン諸国など中小国も取り込んだ協調的安全保障としての機能を保有。経済的相互依存や環境問題などの機能分野での協力の枠組みを適宜設定する。	・イデオロギー的要素が強く,中国と対抗してインド太平洋地域において自由主義的な秩序構築の狙いを有する。 ・米中間の秩序構築をめぐる対立へと発展する可能性がある。 ・特に日印やアセアン諸国は米中どちらかを選択することを迫られることになり,外交・安全保障政策の柔軟性を失う。

柔軟さを失わず、時には果断に譲歩しつつも外交成果を得る現実主義的な対外戦略が練られた。

安倍政権期の対外戦略は、国際協調主義に基づく「積極的平和主義」に立った地球儀を俯瞰する外交と言われた。戦略の二本柱は、「自由で開かれたインド太平洋」構想と、安保関連法制の整備や国家安全保障会議(日本版NSC)創設による同盟国・友好国との連携強化策であった。

その狙いは、「安倍外交はすべて北京に通じる」と揶揄されたように、対中戦略に置かれた。インド太平洋構想を立ち上げ、限定的ながらも集団的自衛権を容認し、日米同盟の信頼性と抑止力を強化して対中牽制を強めることで有利に日中対話を進めることに主眼が置かれた。

総仕上げは2020年春に予定されていた

習近平国家主席の訪日であったが、新型コロナウイルスの感染拡大により流れた。その意味で安倍戦略は未完に終わった。

その後のインド太平洋構想は当初持っていた包摂性を失う傾向にある。1つにはアメリカが日本の提起したインド太平洋構想を自国のアジア戦略の中心に位置付ける中で、その性格をより排他的な構想へと変容させたことによる。

一般にインド太平洋論は、①競争的（排他的）インド太平洋論、②戦略論的インド太平洋論、そして、③包摂的インド太平洋論に分類される。①はイデオロギー的要素が強く中国に対抗的な傾向を持つ。これに対し、②は勢力均衡を通じて地域の安定を図ることを目的とし、③は中国の参加を前提とし協調関係を追求するものと定義できよう。

ところで、2022年2月に公表されたアメリカのインド太平洋戦略は、中国抑止の色合いを強めた中身となった。気候変動問題など国境を越えた脅威に対する米中協力を提起しているが、この地域の安全保障に関しては、例えば、同盟国・友好国との連携強化や同盟網の再編を通じた対中抑止を盛り込むなど、対中牽制色を強く打ち出す戦略となっている。

また、台湾有事を想定し、同盟国との新たな作戦概念を構築し、相互運用性を深めて高度な戦闘能力を開発、展開するなど軍事協力の強化を盛り込んだ。特に、弾力性のある指揮統制や共同作戦能力の運用強化を打ち出すなど軍事色の強い内容となった。

その結果、アメリカの構想は①に近く、日本の構想が②と③の両者の性格を持つことから、両国の構想の方向性に違いが目立ち始めた。

3　インド太平洋構想が新たな断裂線ともなる懸念

日米間の構想の違いは、昨今の先端技術をめぐる米中覇権競争によって一層際立ちはじめている。トランプ前政権によってアメリカの対中政策の柱であった「関与政策」が放棄され、中国の国内体制のリベラル的進化への期待が裏切られた結果、米中関係は自ずと政治体制をめぐる対立へと転化した（民主主義対権威主義）。

その後、米中関係は報復関税による貿易戦争へと悪化し、さらには半導体など情報通信技術をめぐる経済安全保障が対立の前面に押し出された。例えば、アメリカは、中国通信機器大手ファーウェイを政府調達から排除し、同社製品を使用する企業（海外企業も含む）と米政府との取引禁止の措置も講じた。

バイデン政権は、中国との経済依存関係が安全保障上のリスクであるとの認識を継承しつつも、完全なデカップリング（経済関係の切り離し）は否定し、戦略的に重要な品目、例えば、半導体やレアアース、蓄電池、そして医薬品については中国との依存関係を極力排除するため、人権や民主主義を共有する国々とのサプライチェーン構築に躍起となっている。

日本はアメリカの動きに呼応する形で、２０２２年１月には日米の外務・経済担当閣僚による経済版「２プラス２」を創設した（正式名称は「日米経済政策協議委員会」）。７月のワシントンでの初会合では、半導体サプライチェーン強化に向けた日米協力が共同文書に盛り込まれ、台湾有事を想定して日米両国の次世代半導体（線幅2ナノメートル）の量産体制に係る共同研究も決定された。

同時に、日米両政府はそれぞれ、半導体製造の世界シェアの約5割を占める台湾半導体の最大手企業である台湾積体電路製造（TSMC）を多額の補助金で国内誘致し、日本は5月には「経済安全保障推進法」を制定した。

同月23日のバイデン大統領の訪日時には、アメリカ主導の新たな経済圏構想「インド太平洋経済枠組み（IPEF）」が日米豪印のクアッド4ヵ国とアセアン諸国等の13ヵ国により設立された（協議分野は公平な貿易、供給網の強化、脱炭素、反汚職など4分野）。

これらの動きの背景にはアメリカの「脱中国依存」の思惑があるが、いまだ先端技術など「部分的デカップリング」に止まってはいる。しかし、バイデン政権が10月に発表した半導体の対中規制の拡大策により、先端技術をめぐる米中の覇権競争が日本や韓国、欧州企業なども巻き込む懸念も出始めた。新たな規制策では、中国の先端技術を「ガラパゴス化」するため、アメリカの技術や製造装置を使った高性能半導体を外国企業が中国に輸出する際にもアメリカの許可が必要となるからだ。運用次第では、米中の覇権争いでグローバル経済がゼロサム化することともなる。

日本が抱える最大の課題は、米中対立の余波を受けて、本来、日本の外交戦略の可能性を追求するために提唱したインド太平洋構想が地域の断裂線へと変貌し、日本モデルの優位性が侵食され、特に対中戦略にあっては選択肢の幅を狭める制約要因に転じつつある現状だ。

多元化する世界に向けて、インド太平洋構想は、アメリカのTPP離脱後に日本主導で実現に漕ぎ着けたTPP11（環太平洋連携に関する包括的及び先進的な協定）と相俟って、中国や台湾、アセアン諸国はもとより、中東やアフリカ、中南米などインド太平洋諸国との連携の裾野を拡げる外交資産である。安倍総理（当時、肩書は以下同様）は、日本のインド太平洋構想と中国の「一帯一路」構想との協調にも言及した。対米関係に配慮しつつも日本モデルの可能性を活かすための外交上の知恵が求められる。

4　アメリカに引きずられる日本の安全保障政策

安倍政権期の対外戦略のいま1つの柱は、何と言っても一連の安全保障関連法制の整備であろう。日本版NSCの創設や防衛装備品の海外輸出を一定の条件下で認めた「防衛装備移転三原則」の決定、そして戦後長く認められなかった集団的自衛権を容認した安保関連法の制定などが挙げられる。

安保関連法については、国会審議中の2015年4月29日、安倍総理はアメリカの連邦議会上下両院合同会議の演説に臨み、自衛隊と米軍との防衛協力強化と日米同盟の抑止力向上によって地域の平和を実現する、戦後初めての大改革であると熱く訴えた。

他方で、安保関連法の実際の狙いは、尖閣諸島など南西諸島海域の「グレーゾーン事態」に対処するため、平時から有事に至るシームレスな日米防衛協力を実現するための法制上の整備が最大の眼目であり、言わば危機管理的要素が強い内容であった。

その意味では、集団的自衛権の行使実現は、アメリカに対する政治的アピールが主眼であった。オバマ政権の対外戦略（オバマ・ドクトリン）が介入主義からの「撤退政策（retrenchment）」であることを警戒し、日本の防衛態勢を整えつつアメリカをいかに東シナ海に巻き込むかとの戦略が存在した。そこには日本がアメリカを引きずり込む気概があった。

しかし、菅政権、そして岸田政権に至って、アメリカを引きずり込むといった大胆な戦略は消え失せ、日本の安全保障政策は、一転、アメリカに引きずられる動きが目立ちはじめた。

大きな転機となったのは、2021年4月の菅総理とバイデン大統領との日米首脳会談だ。会談後の共同声明では、1969年の佐藤・ニクソン首脳会談以来、約半世紀ぶりに台湾海峡の平和と安定が盛り込まれ、両岸問題の平和的解決が明記された（新「台湾条項」）。

その後、この文言は2年連続で2022年6月の主要7ヵ国首脳会議の首脳宣言でも言及されたが、日米二国間では特別の意味合いが含まれる。

1969年の首脳会談では、沖縄の本土並み返還に伴い、朝鮮半島および台湾の有事の際、米側には沖縄からの米軍の戦闘作戦行動に対する日本側の対応について懸念があった。日米安保条約の交換公文では、米軍が軍事作戦実施のため在日米軍基地を使用する場合には、日本との事前協議が必要とされていたからだ。

このため、当時の共同声明では、これら有事が日本の安全保障上緊要である旨が明記されたが（「韓国・台湾条項」、事実上の事前了解合意）、当時は「韓国条項」が議論の中心であり、台湾有事については議論の俎上に上がらなかった。

菅・バイデン首脳会談で台湾有事の際の事前協議について踏み込んだ議論があったか否かは明らかではないが、米側から促される形で半世紀ぶりに台湾条項が盛り込まれたことは、その後の動きを見ると注目すべき出来事であった。

首脳会談後、日本国内では台湾有事の際の日米共同作戦計画の策定が頻繁に報道されはじめた。米海兵隊の「遠征前方基地作戦（ＥＡＢＯ）」構想を前提にしたものであり、海兵隊の小規模部隊が南西諸島に分散して対空・対艦攻撃や補給、情報収集などの拠点を築き、中国の対艦ミサイル脅威の下にある米空母の制海権を確保する内容であった。

報道では、自衛隊は安保関連法の重要影響事態を認定し、後方支援活動を行うこととされたが、２０２２年1月の「２プラス２」では日米間の共同計画作業の力強い進展を歓迎する旨が公表された。この結果、台湾有事に係る共同作戦計画の策定が公式上認められた。これを機に自衛隊と米軍との相互運用性を高めることを目的として、台湾有事を見据えた日米共同訓練が開始されるに至った。

5　日中共同声明と日米安保体制との2つの枠組みと日本の独自戦略

アメリカ主導の台湾有事を想定した動きは、岸田政権においても続き、より顕在化している。一般に台湾問題は、米中台それぞれ三者の思惑の均衡により現状が維持されている。アメリカは台湾が武力統一され中国の軍事拠点となり西太平洋での自国の影響力を失うことを阻止すること、中国は台湾独立を回避すること、そして台湾は中国の支配を防ぐことの3点である。

三者の均衡を図る上で中核となったのがアメリカの「曖昧戦略」(台湾有事における武力介入を明言せず)であったが、今日、米中間の軍事バランスが大きく中国側に傾くにつれて、アメリカはその戦略の軸足を少しずつ台湾防衛(軍事的関与)に移しつつある(後述のバイデン大統領発言)。

2022年5月23日のバイデン大統領の訪日時に行われた首脳会談では、東・南シナ海で海洋進出を強めるなど覇権主義的な動きを続ける中国を念頭に、日米同盟の抑止力および対処力を強化する共同声明が発表された。岸田総理は日本の防衛力を抜本的に強化し、防衛費の相当な増額を約束した。ミサイル脅威に対する「反撃能力」の保持にも言及した。

懸案である台湾問題をめぐっては、両首脳は、台湾海峡の平和と安定が、国際社会の安全と繁栄にとって、「不可欠な要素」であると強調し、一層踏み込んだ表現となった。

バイデン大統領は、共同記者会見時に、台湾有事の際には台湾防衛のため軍事的に関与する意思がある旨を明言し、その後も同様の「台湾防衛」発言を繰り返している。

こうした動きを受けて、日本国内でも安保関連法で定める存立危機事態など各種事態認定をめぐるシミュレーション等の議論が盛んに行われている。しかし、そこには安倍政権期にはあった、アメリカの懐に入りながらも、逆にその力を梃子に日中関係を前進させるといった日本独自の構想が見えてこない。

例えば、日本の台湾問題に関する基本認識は、1972年9月の「日中共同声明」で規定されている。日本側は、台湾は中国の一部であるとの中国側の立場を十分理解し、尊重するとしているが、その大意は以下のとおりである。

つまり、中台間で平和的話し合いが行われる限り、台湾問題は中国の国内問題であり、日米安保条約の運用上の問題は生じないが、武力統一の場合は事情が根本的に異なり、日本側はその対応については立場を留保するとしている。これは言外に日米安保条約第六条（極東事態）の適用の可能性を示したものであり、対中抑止の枠組みを共同声明に設定したものと言える。

他方、日米安保条約上、台湾を含む極東の平和と安全のため、米軍が戦闘作戦行動を行うに当たって、日本国内の基地を使用する場合には日本側の事前了解が要請される。

本来、自国領域を他国に出撃基地として利用させることは、国際法上、相手方（中国）から見れば武力攻撃とみなされる可能性は高い。日本政府は、そのリスクを国民に対して説明すべきであり、その判断には重い政治責任を伴う。米側もその点は十分理解すべきである。

詰まるところ、本来、日本は、この2つの枠組みの間に複数の外交オプションを持ち合わせている（台湾有事が日本有事に至る場合は別だが）。台湾問題の現状維持を図る上で、特に中国に対しては、日米同盟の抑止力の強化は元より、日米安保条約の運用（事前協議）や、武力統一の際の台湾の法的位置づけの再評価（台湾の国家承認の可能性）など、対中牽制ともなる選択肢はすでに持ち合わせている。これは対米関係においても同様である。

台湾問題の現状維持と、そのための米中台三者の均衡点を追求する上で、日本は少なからずの外交および安全保障戦略上の有利性を保有している点を再確認すべきである。

6　日本の生き残り戦略はどこにあるか？

２０２２年10月12日、バイデン政権初の「国家安全保障戦略」が公表された。戦略では冷戦終結後の時代が終わり大国間競争の時代が始まったとの世界認識が示された。ウクライナ侵攻を受けロシアを差し迫った脅威と規定する一方、長期的観点で警戒する相手は中国に絞られた。

２０２１年３月発表の戦略の暫定版と同様、中国を「国際秩序を塗り替える意思と能力を持つ唯一の競争相手」であり地政学上の挑戦と位置付け、米主導の国際秩序に挑む中国との対決の10年となるとの挑発的言葉が盛り込まれた。暫定版にあった米中対話への意欲的表現は消えた。

その上で、権威主義的中ロ両国には日本など重要な戦略資産である同盟国との協力で対抗する「統合抑止力」の姿勢を改めて打ち出した。日米同盟の近代化も明記された。

今後、日本は米中間の体制間競争、さらには民主主義対権威主義の国際秩序をめぐる争いに組み込まれることとなる。一方で、人口動態や経済成長ではすでに大国化しつつあるインド、これに続くアセアンやアフリカ諸国と多元化する世界を共有していかなければならない。むしろ、その中で、日本の将来の自画像を描く可能性を追求すべきであろう。最後に若干の提言を述べて本章を締め括りたい。

まずは、安倍政権期のインド太平洋構想を一層包摂性に富んだ多国間の枠組みへと拡大する必要があろう。気候変動問題や感染症、開発協力など日本の技術や経験を縦横に生かす分野を中心にクアッドの一員であるインドは無論のこと、アセアンやアフリカ諸国との対話と協力を深め日本モデルの深化を図るべきである。本来、この構想が日本の開発協力をベースに形成された点を再評価すべきであろう。

アメリカのTPP復帰が望めない状況にあって、日本はTPP11の主導的役割を担う立場にある。米中間の技術覇権競争の激化や、アメリカが安全保障や価値観外交を踏まえた経済秩序の形成に動き出したことで、アジア太平洋地域の経済・貿易関係は分断の危機にある。一方で中国は発効済みの「地域的な包括的経済連携（RCEP）協定」を経由した経済秩序の形成を狙っている。今後、日本はTPP11への中台同時加入の実現を見据えつつ、公正で質の高い経済秩序形成の陣頭に立って推進役を担い、台湾問題を含め地域の平和と安定を追求すべきである。

2022年末には国家安全保障戦略など安全保障三文書の改定が行われるが、地域の安全保障環境の不安定さが一層増す今日、現行の有事法制の抜本的な見直しを検討すべきである。

現在の武力攻撃事態対処法を基本とする有事法制制定からすでに20年近くが経過した。当時は宇宙やサイバー領域など領域横断作戦など存在していなかった。そもそも各種事態認定を基礎に置く有事法制は陸上自衛隊の出動をベースに置いた発想であり、今日の海空戦力を中心とする安全保障環境との乖離ははなはだしい。

また、現在、議論の的となっている「反撃能力」に関しても、北朝鮮の核ミサイル開発技術が予想を超えて進捗し、戦術核搭載の極超音速ミサイルの配備も射程に入りつつある中、武力攻撃の「実行の着手論」に基づく防衛態勢では対応が困難となっている。専守防衛論の見直しも含め、防衛政策論を基本から議論し直す時期に至ったと言える。

【参考文献】

岩間陽子「「戦後」秩序 再構築の条件」『外交 Vol.73』(都市出版、2022年5月)
川瀬剛志「中国・台湾のCPTPP加入申請と日本の対応」『外交 Vol.70』(都市出版、2021年11月)
栗山尚一『外交証言録 沖縄返還・日中国交正常化・日米「密約」』(岩波書店、2010年8月)
藤原帰一「壊れる世界─覇権と国際秩序 新連載第1回」『世界9月号』(岩波書店、2022年9月)
山本吉宣『インド太平洋と海のシルクロード:政策シンボルの競争と国際秩序の形成』(PHP研究所、2016年5月)
ジェシカ・チェン・ワイス「米対中戦略の落とし穴─ビジョンなきゼロサム思考の弊害」『フォーリン・アフェアーズ・リポート2022年10月号』(2022年10月)

第３部　欧州諸国が直面する試練

第３部では，欧州在住の執筆陣による現状認識・今後の展望を紹介する。ウクライナ戦争の影響が直接感じられる欧州の「肌感覚」を読み取っていただければ幸いである。

モジェは，ウクライナ戦争により，エネルギー源の転換やエネルギー価格統制，省エネ規制が，環境ではなく地政学的な文脈から大きなコストを払ってでも実施されるべき必要性に直面することで進展する可能性を指摘する。

ミレーは，欧州諸国がウクライナに関する各種試練に集中的に対処せざるを得ない状況下で，インド太平洋地域に直接的な利害関係を有するフランスの戦略的選択肢を検討する。

コペツキーは，NATO悪玉論を展開してNATOの解体を目論むロシアのレトリックを支持する中国の姿勢が，すでに悪化していた中・東欧諸国の対中認識をより悪化させ，今後もその傾向が続くことを示唆している。

ニカンデルは，「フィンランド化」に代表される中立的な政策をとってきたフィンランドが，ついにそのDNAをかなぐり捨ててNATO加盟を選択するまでの国内における議論，懸念とその背景を分析する。

モルガドは，ネオ・ユーラシアニズムに含意されるソ連の再興という「ロシアの使命」革命的メンタリティー意識と，その根底にある強い西側否定感情を指摘，プーチンが権力から去っても，ロシアの反欧米姿勢とユーラシア連合の結束維持に向けた意欲は続くと予測する。

オエレルマンは，ロシアのウクライナ侵略を「歴史の転換期」と認識するショルツ・ドイツが連邦軍改革とウクライナ支援を進める一方で，右翼政党の大衆運動化がドイツの方向性をも変化させると指摘する。

細田は，「新たな代理戦争」の進展と欧米同盟の結束強化を指摘する一方で，中・東欧諸国社会内にある反米感情（ロシアへの共感）やウクライナを見下す感覚から，これが欧州一体性維持の「最弱の輪」になる懸念を指摘する。

第7章 ウクライナ戦争の環境影響
――ヨーロッパと世界の大国への展望

フランシス・モジェ

はじめに

新型コロナ・パンデミックは、その社会、経済、制度への大規模な影響から、特に欧州連合（EU）において、何が可能で何が不可能かの「一線」をゆさぶった。これは、ロックダウンや移動制限といった一時的な措置だけでなく、各加盟国やEUのより広範な政策や戦略も含んでいる。

ウクライナ戦争とそれがもたらす大国間競争とロシアとのエネルギー関係は、コロナ以上にEUに甚大な影響を及ぼしている。つまり、新型コロナ・パンデミック以上に、欧州の行動を規定・制限する「一線」をゆさぶる可能性がある。本論文は、この戦争が政治的アジェンダ、エネルギー政策、気候変動交渉に与える環境的影響について考察する。私の考え方は、次のように要約できる。環境対策、とりわけエネルギー政策は、社会的、経済的、あるいはイデオロギー的な理由から、しばしば実現が困難、あるいはほとんど不可能とみなされる。

しかし、ウクライナ戦争は、エネルギー転換と削減を、環境的なものというより地政学的な主題に変化させることによって、環境的な解決策が実行可能であると思わせるだろう。

ここでは、優先順位の変化、ヨーロッパのエネルギー体系からのロシアのガスの排除、大国間競争の復活に直面する世界における環境交渉の進展という、環境問題における3つの最近の傾向を見て、ウクライナ戦争の帰結を探る。そして、環境をめぐるパワーポリティクスの展開と、欧州、アメリカ、ロシア、中国との関係について、考えられるシナリオを提示したい。

1 戦争と優先順位の変化

ウクライナ戦争が環境問題にもたらした第一の影響は、世界各国、特にヨーロッパにとって、政府や政府間における行動の優先順位が変化したことである。「気候変動に関する国際パネル」の第6次評価報告書の第2部「2022年の気候変動：影響、適応、脆弱性」が発表されたが、ニュースでそのことを聞いたと覚えている人がどの程度いるだろうか。ロシア軍によるウクライナ侵攻が始まって1週間も経たないうちに、気候変動への各国の対応に不可欠なこの文書が発表されたため、ニュースを覚えている人、あるいはそれに相当するヨーロッパの指導者を見つけるのは困難であろう。

環境問題、特に気候変動は、取り組むべき事柄のリストの後方に押しやられてきた長い歴史がある。確かに、環境問題は政府にとって厄介な問題だ。環境対策は把握しにくく、意思疎通が困難で、短期的には経済を悪化させ、規制を強化し、増税を必要とし、長期的には不確かな利益を約束する（そしてその利益は次の指導者に行き渡り、選挙戦の間に資本化できるほど早くはないのだ）。このような理由から、より緊急性の高い問題が常に出現するため、何度も延期される。

しかし、ここ数年、気候変動に対する意識の高まりへの若者の動員や、気候変動の無視できない影響により、欧米各国政府は、この問題に取り組むようになった。アメリカのバイデン政権は環境対策を発表し、欧州連合は「グリーン・ニューディール」を打ち出した。ようやく、これらの問題が最優先事項とみなされるようになったのは、ヨーロッパでロシアによる侵略の結果として戦争が勃発し、それがすべての人の話題を掌握し、数カ月間第一のテーマとなるまでであった。これは、ウクライナ戦争が環境問題に及ぼした最初の影響である。つまり、環境問題を先送りし、気候政策を後回しにすることは可能だが、対ロ制裁は後回しにできないものであるからだ。

2　ＥＵにおけるエネルギー政治：ロシア産ガス・石炭・原子力、再生可能エネルギー、そして、エネルギー削減

この戦争がもたらした第二の環境に関する問題は、ヨーロッパにおけるエネルギーの輸入と利用の仕組みの変化に見られる。石炭、ガス、石油、原子力発電所、あるいは再生可能エネルギーの二酸化炭素排出量に関する環境問題は常に存在していたが、戦争はこれらの問題をロシアと深く結びつけてしまったのである。

まず重要なのは、ＥＵとロシアはウクライナ戦争前から天然ガス（※依存規模は小さいが原油も）に関して共依存関係にあったということである。大げさに言えば、欧州、特に中・東欧諸国はロシアにガスや石油を依存し、モスクワにとってこれらのエネルギー輸出がもたらす収入の面で欧州に依存していたのである。ＥＵの中でも、チェコのように輸入のほとんどをロシアのガスに依存している国もあれば、原子力発電能力によりロシア産資源から独立しているといえるフランスのような国もあり、国によって大きな格差があった。各国依存度のギャップは、現在、欧州の対モスクワ依存からのデカップリングと、ＥＵ規格のエネルギー統一市場構築に向けた政治意思形成において、より問題視されている。

この共依存は、２０１４年のクリミア併合後の対ロ制裁においてもエネルギーという厄介

なテーマを回避し、エネルギー供給構造をほぼ同じに保つことができた（さらに、ウクライナを横断する「兄弟」パイプラインに代わってヤマルストリーム、トルコストリーム、ノルドストリームというパイプラインが誕生し強化された）ことで維持された。また、EUの一部の国は、このようなエネルギー関係の深化を提唱し、ロシアが経済的損失への懸念から、欧州やロシアにとって悲惨な行動をとることを防ごうと考えたのである。中でもドイツは、オストポリティーク（ブラント西独首相が1969年に提唱したソ連・東欧圏への「接近による変化」を期待した東方政策）を継続し、バルト海を経由してロシアとドイツを結ぶパイプライン「ノルドストリーム2」建設を通じた対ロ天然ガス依存の倍増を強く推進した。この結果、2014年から2022年にかけて、欧州諸国によるロシア産天然ガスへの依存度を下げる努力は、ほとんど行われなかった。

したがって、2月24日のロシアによるウクライナ侵略開始当初において、対ロシア制裁方法を検討する際に、この問題が最優先事項となったのは当然である。しかし、注目すべきは、2022年の夏の終わりごろに、欧州におけるエネルギー不足の原因は、欧州の対ロ制裁の結果というよりも、ロシアの一方的なガス輸出の削減であった点である。これは、EUがこの問題に関して迅速かつ協調的な行動をとることができないことを露呈している。

このような状況から、EUでは主に4つの新しいエネルギー政策が打ち出されている。第一は、ヨーロッパにとって新たに必要となるガス輸入の多様化と安定化である。欧州のガス供給源は、ロシアのほか、ノルウェー、アルジェリア、中東の石油国家が中心である。しかし、これらの供給源はすでに高い供給量を記録しており、不足するロシア分を完全に補うことはできない。さらに、液化天然ガスを欧州に直接輸送すれば解決するが、各国には受け入れに必要な港湾設備がなく、LNGの世界供給量もそれほど多くはない。

第二に、エネルギーの必要性から、環境目的での原子力や石炭エネルギーへの関与は、ウクライナ戦の前ほど絶対的なものではなくなってきている。ドイツは福島事故後、原子力発電能力を廃棄することを決定し、移行をスムーズにするために原子炉の運転を凍結してきた。その一方、終わらない原子力論議で知られるフランスは、国内の原子力プロジェクトを更新しているが、同時に、二酸化炭素排出量が多いにもかかわらず、石炭火力発電所も再開された。

第三に、迅速なエネルギー供給源確保の必要性から、ヨーロッパ全域で自然エネルギーの急速な発展が求められている。自然エネルギーはすでにEUのエネルギー戦略の中核をなしており、導入が迅速にできるという利点がある。このエネルギー源に関する主な課題は、ヨーロッパで入手できない特定の材料（レアアース、リチウム）が必要であることと、欧州諸国を接続する電力網の整備である。

この文脈から、より環境に優しいエネルギー、よりクリーンなエネルギーを求めるのではなく、エネルギー消費自体を減らすことが、より理想的な解決策になり得るのである。これは、環境保護団体や気候変動に配慮する政党の間で長く続いているテーマである「最高のエネルギーは使わないで済むもの」である。１９７０年代のフランスでは、オイルショック後の石油価格高騰を乗り切るための政策として人気を博したが、経済的要請と終わりなき成長の追求が、このアイデアを世論に浸透させることをほとんど妨げてきたのである。2022年9月、マクロン大統領は、エネルギーコストを削減する方法として、このアイデアに再び着目した。しかし、このアイデアは、地政学的解決策（エネルギーの自立）、経済的解決策（節約）、そして最後に環境的解決策（二酸化炭素排出量の削減）として三重のブランド化がなされている点が興味深い。

ヨーロッパのエネルギー問題は、もはやモスクワからのデカップリングと、新たなガス供給源の確保、そしてエネルギー消費の削減を抜きにして考えることはできない。欧州のエネルギー自立化という新たな地政学的要請は、環境により優しいエネルギー構造を構築する可能性を残す一方で、短期的な社会的・経済的安定のために環境への配慮を犠牲にする可能性を残すものである。

3　大国間の気候交渉：今、中国とロシアにどう話しかけるか

ウクライナ戦争の第三の帰結は、国際関係の二極化の進行にある。対ロ制裁措置とその対抗措置が導入され、外交関係が希薄化する中で、気候変動への適応と緩和について話し合うために大国が同じテーブルにつき、最終的に、環境とウクライナ戦争をめぐる最大の課題についても検討し合える場を提供する可能性がある。

過去数年間、ロシアの振る舞いは、いくつかの国際舞台や二国間協議、特に西側諸国との

協議の場で、ロシアを歓迎しないものにしてきた。ウクライナ侵略は、この傾向をさらに強めた。例えば、北極圏の経済や環境問題を議論する主要な国際枠組みである「北極評議会」は、２０１４年のクリミア併合を乗り越えてロシアをテーブルにつけるほどの柔軟性があり、一種の「北極例外主義」が確立されていた。しかし、この種の柔軟性は、もはや、欧州には存在しない。ウクライナ侵略開始後、ロシア以外の常任理事国が侵略を非難したため、評議会は会合を中断し、ロシアに関係のない事項についてのみ再開された。ロシアによるウクライナ侵略は、主権国家が協調的に振る舞ってきた北極圏協力交渉の性格をも変えてしまったのである。

ロシアの軍事行動が、気候変動対策に関する唯一最大のフォーラムである国連気候変動枠組条約締約国会議にどのような具体的影響を及ぼすかは、まだわからない。ロシアはすでに、一人当たり温室効果ガスの最大排出国の1つであり、世界最大の化石燃料供給国の1つでありながら、控えめに言っても、気候変動協議に積極的ではなかった。。ウクライナ侵略は、ロシアの孤立化を強め、他の国々と一緒に気候変動に対して行動する意欲を減退させたと思われる。ロシアは、もう1つの大規模排出国である中国（ウイグル族虐殺に関する人権問題で制裁を受けた）との戦略的パートナーシップを深める傾向にある。

化石燃料の最大生産国は、多くが環境に無責任な権威主義・全体主義的な独裁国家であり、世界の二大排出国であるアメリカと中国は、貿易戦争のみならず外交・軍事力を含む広範な「覇権争い」に直面しているため、気候変動の国際舞台ではほとんど何も達成できていない。

環境対策に関し世界が懸念しているのは、ロシアが、中国やイラン、インドといった、今回、ロシアの立場に理解を示す傾向にある国々（※化石燃料の生産国、または温室効果ガスの大規模排出国）とともに、気候変動対策への最小限の関与という行動で折り合いをつけることである。このシナリオでは、西側諸国が環境問題に対する変革の唯一の主体であり続けることになる。これは、気候危機とその課題に関するグローバルな対策としては十分ではないだろう。我々は、この問題に関し、慎重であることが重要である。実際、モスクワは、短期的には温暖化によって失うものは少ないので、資源を人質にとった脅迫から得るものの方が多いと考えるだろうし、中国も気候変動に対して積極的に行動する必要性を感じさせる国内的なモチベーションは低い。

ロシアのウクライナ侵攻は、環境政策上の優先順位の変更、エネルギー構造の変革、気候変動に関する政府間行動の変更など、ヨーロッパおよび世界の環境政策と行動にすでに影響を与えている。環境と地政学的な問題はリンクしており、この戦争の今後の展開は、EUによる気候危機への取り組みに長期的な影響を与えるだろう。最後に、ウクライナ戦争が環境と大国間の関係に対してもたらすシナリオや将来的な影響について述べる。

4　環境と欧米・ロシア・中国をめぐるパワーポリティクスの展開のシナリオ

ここで、「ロシアのウクライナ侵攻が、環境保護に良い影響を与える可能性がある」という思いがけない意見を紹介しよう。私たちは、戦争と環境をポジティブなイメージで結びつけようとしない傾向にあるが、ウクライナにおける戦争は、直接・間接的に影響を受ける人々にとっては「良い」こととは言えないものの、エネルギー消費においては予想外の改善を確認することができる。実際、短期的には、ガスの生産と消費が必ずしも減らず、石炭の消費が急増し、炭素排出量の増加につながるとしても、中長期的には、戦争の結果が気候にとって有益になる可能性がある。第一に、ヨーロッパでは自然エネルギーや原子力の利用が加速され、化石エネルギー消費全体の削減につながる可能性が高い。第二に、主要な顧客を失ったロシアは、天然ガスの生産量を減らし、新しい輸出先を探さなければならなく可能性が高い。しかし、中国とインドという巨大なエネルギー需要を抱える経済大国がその主要な顧客となりうる。ロシアは、彼らにガスを供給することで、中国とインドの石炭から天然ガスへのエネルギー構造転換に貢献できるだろう。ガスが最もクリーンなエネルギーとは言い難いとしても、気候変動に対する負荷は相対的に低いため、これによって石炭消費による炭素排出量を減らすことができる。

しかし、ウクライナ侵略に関しては、あまりポジティブではないシナリオも描かれる。それは、国際協力や多国間外交に向けた国際的な機運のさらなる低下である。2014年以降、欧米とロシア、2010年代半ば以降には、欧米と中国の関係が緊迫化し、世界は大国間の覇権争いの再来に直面している。ロシアが「近隣」で、中国が台湾で、あるいは西側が決めた制裁措置への反発が招く可能性のある極端な行動は、環境や気候変動に特化した国際機関の機能を停滞させる可能性がある。このシナリオでは、ロシアや中国が二酸化炭素排出量を抑制するインセンティブはなくなる。ロシアは極東と北極圏に化石燃料の膨大な埋蔵量をもち、中国は依然として石炭に大きく依存している。

つまり、中国が、大国間争いにおいて、EU（時にはアメリカも）に対するライバル心や、新しい覇権国としてのイメージ形成に向けた意欲から、現在、EUやアメリカが担っている気候変動のリーダーとしての役割を受け入れ、積極的に気候変動への責務を果たす場合に限り、モスクワと北京、そしてワシントンと欧州の間の溝が深まることは良いことであると言える。

ロシアによるウクライナ侵略や、ロシア、中国、アメリカとの関係を考慮に入れ、2023年のヨーロッパで権力政治と環境政策がどのように展開されるかについて、堅実な推測を示すとすれば、それは次のようなものである。ヨーロッパはおそらくここ数十年で最も厳しい冬を経験することになるだろう。エネルギー不足とエネルギー自立への意志により、第一に自然エネルギー、第二に原子力の迅速な開発のためのEUおよび加盟各国のプロジェクトが促進される。このようなエネルギーに関する懸念をよそに、その他の環境政策は、戦争とそれによって引き起こされた経済危機に対処する必要性から、保留されるか先延ばしにされるだろう。気候変動に対する国際協力については、大国間の争いと緊迫した経済情勢から、ロシア、中国、あるいはインドとの間で大きな協定が結ばれることはないだろうと思われる。しかし、アメリカ、EU、オーストラリアは、気候変動に関するビジョンについて政権が一致すれば、特定のテーマについては行動を起こさせるようになる可能性がある。もっとも、ウクライナ戦争の進展によっては、これらの予測が大きく変わる可能性があることは考慮しなくてはならない。

本稿では、ウクライナ戦争がヨーロッパと世界に及ぼす環境上の影響について掘り下げ、予測を行った。環境問題と地政学的な問題はリンクしており、両者は異なるテーマとして提示されることもあるが、ウクライナ戦争のような出来事は、両者を別々に考えることができないことを示している。大きな気候変動危機と大国間の覇権争いの再現に直面する世界において、EUなどの行為主体は、欧州本土での戦争が環境問題や気候変動による地政学に与える影響を受け入れることが不可欠である。そうしてこそ、包括的な戦略を立てることができるのである。

5 だから日本はどうなる?

遠く離れた場所での戦争と欧州・ロシアのエネルギー関係が、日本の社会と経済にどのような影響を及ぼすのかを詳細に把握することは難しい。しかし、日本はエネルギー構成全般だけでなく、ロシアとのエネルギー関係や他の化石燃料の調達先についても再考・調整する必要が生じている。現時点で東京は化石燃料の輸入に関して、ロシアに対する制裁措置を行っていない。モスクワも、東京が欧米に接近して制裁を加えているにもかかわらず、対日資源輸出を制限していない。ただし、化石燃料の対日主要供給国（オーストラリア、カタール、マレーシア、アメリカ）が欧州向け輸出の比率を高めた場合、日本が確保できる化石燃料は制限される一方で、日本が購入できるロシア産ガスが増加する可能性もある。このような日本のエネルギー構成の変化は、自然エネルギーや原子力への投資比率に影響を与えうる。また、ウクライナの原子力インフラ（特にザポリージャ原発）や核兵器の使用（ロシアのプーチン大統領が示唆）に関して劇的な展開があった場合、日本における民間原子力エネルギー利用をめぐる議論が再び巻き起こる可能性がある。第二に、ウクライナにおける戦争が日本に与える環境面での影響であるが、これは気候変動や環境悪化の悪影響にさらされる国々と同じである。特に日本は海面上昇や気候変動にさらされやすい国であり、ロシアの孤立により国際舞台での気候変動対策が後退すると、他の国以上に失うものが大きい。

第8章　ポスト・ウクライナにおけるフランスのインド太平洋戦略はどうあるべきか？

イポリ・ミレー

はじめに

ロシアによるウクライナ侵攻の数日前にフランスが果たした役割について１つ確かなことがあるとすれば、エマニュエル・マクロン大統領が戦争を未然に防ぐために仲介役になろうとしたことだろう。彼は失敗し、成功する余地があったかどうかさえも不明である。いずれにせよ、マクロンが行ったことは、世界という舞台におけるフランスのアイデンティティと歴史に非常に合致するものであった。この長い伝統（少なくとも１９６０年代のシャルル・ド・ゴール時代から）は、フランスがドイツやイギリスよりも北大西洋条約機構（ＮＡＴＯ）に対して懐疑的であり、（特にアメリカから）可能な限り独立した軍事力を持つことを常に心がけてきた理由を説明するものである。しかし、間違えてはいけないことは、フランスは明らかに日本とも価値を共有する西側陣営に属しているということである。

ロシアがウクライナで非常に多くの犠牲者を生み出している今、短期的にも中期的にも、モスクワはフランスや欧州にとって、かつてほど根本的な脅威ではなくなるかもしれない。もちろん、ロシアは常に存在し、(西・中央アフリカのワグネル・グループのように)常に「破壊者」であり続け、プーチン(またはその取り巻き)がいる限りモスクワは懸念材料であり続けるだろう。しかし、北大西洋条約機構(NATO)がフランスと欧州の安全保障に不可欠な存在として機能し続ける限り、ロシアを抑止することが可能である。この戦争は、皮肉にも、マクロンが「脳死」と描写したNATOを再び欧州防衛の要にした。NATOは当分の間、欧州の安全保障に関連するあらゆる問題の中心であり続けるだろうし、フランス国民の大多数は同国が同盟に関与することを支持していくだろう。

したがって、今のところロシアはウクライナで泥沼化しており、(たとえモスクワの核戦力が依然として脅威であるとしても)通常戦力的には過去ほどの脅威ではなくなるという前提で、フランスは21世紀最大の地政学的ホットスポットであるインド太平洋、特に中国に目を向けるべきだろう。しかし、フランスがこの地域で何ができるか、何をすべきかを語る前に、読者は、フランスにとっての中国は、日本とは異なり「遠い脅威」であることを心に留めておく必要がある。フランスは常にNATOのいわゆる南側と東側の側面を優先し、加えて多くの重要資源(ウランや石油など)を輸入するアフリカ大陸(特に北部と西部アフリカ)を重視してきた。

したがって、フランスには、アメリカが行っているような方法でインド太平洋戦域に関与する意志も手段もない。例えば、フランス海軍唯一の空母打撃群をこの地域に配備することは、地政学的に特に不安定な時期に、海軍の最も重要な資産を欧州から遠く離れた場所に置くことを意味する。とはいえ、フランスには、フランス領ポリネシアやニューカレドニア（※古くからの独立運動と、豊富なニッケルに対する中国の欲望に対処する必要がある）などの海外領土を含む戦略的利害関係がある。そのため、フランスは単独ですべてを行うことができないことを自覚しつつ、目を光らせることを余儀なくされている。さらに、フランスは欧州連合（ＥＵ）の有力な軍事プレーヤーであり、国連安全保障理事会の常任理事国であることから、欧州における特別な責任を負っている。

このように、フランスはアセット的には限られつつも、基本的にインド太平洋に関心を持たざるを得ない状況にある。なぜなら、中国は我々が１９４５年以来築き上げてきたもの、そして民主主義国家が常に守るために戦ってきたものすべてに対する根本的な脅威であるからである。そして、すでにフランスはこの地域に進出しており、何らかの形でこの地域に留まることが予想されるため、この章の主テーマは、フランスがなぜインド太平洋に関与すべきなのかではなく、どのように関与すべきかを検討するためにいくつかの予測を立てることとする。以下の予測は意図的に非常に大胆なものであり、ウクライナ侵略のような出来事が別に起これば、急速かつ根本的に変更されるかもしれない。また、これらの選択肢は、現実には単純な形では起こりそうもなく、最も起こりそうなことはすべての選択肢が混在している状況であろう。そして、その最初の大きな障害は、フランス人の誰もがこの基本的な真理を共有しているとは思えないことである。インド太平洋地域におけるフランスの真の戦略の第一歩は、この地域におけるプレゼンスの優先順位が何であるかについて国民的なコンセンサスを見出すことである。

1　戦略的選択肢1：米中覇権争いに巻き込まれない

このシナリオはまったくあり得ないものではない。たとえロシアとは失敗したとしても、フランスは中国を競争相手や脅威ではなく、パートナーとして関与する戦略を進める可能性がある。その理由は、中国は主要な商業パートナーであり、気候変動交渉に参加させなければならない主なCO_2排出国であり、アフリカでは今や主要なアクターであり、フランスにとって直接の軍事的脅威ではない、世界の平和に対する脅威であるが故により建設的に関与させることが必要である、など数多くある。

ここで少し皮肉的な表現をすると、モスクワ、ワシントン、北京は、欧州諸国ではないため、欧州の優先事項を自分たちのものとして見ていないという点で、必要であれば欧州として対抗すべき存在だということである。特にトランプ時代のアメリカは、（多くの分野で欧州の中核的利益と敵対する国でないとしても）常に対処が難しい相手であったことは事実である。しかし、今大事なのは、中国が、冷戦時のソ連と同じくらい脅威となっている事実である。このような状況において、西側諸国とその同盟国は、分裂し、根本的に異なるアプローチをとる余裕はない。

フランスには（欧州ではさらに）、アメリカが中国やロシアと同じくらい問題であると真剣に考える政治家やアナリストがほとんどいないとしても、北京およびワシントンとの等距離関係関係を維持することへの欲望が、基本的にマクロンの戦略的自立の背後にある考え方の核心であることは疑いようがない。しかし、私自身は、アメリカと中国やロシアを同じカテゴリーに入れることはできないと考える。なぜなら、それは、モスクワと北京が最も期待していることであり、西側世界とその同盟国の分裂を意味するからだ。

このシナリオでは、フランスはインド太平洋地域に関与し続けるとしても、中国との公然たる対立に追い込まれないようにし、むしろ、アメリカの影響を受けずにヨーロッパが独自の決定を下す意思と能力を持つように努力するだろう。この戦略は、フランスとアメリカとの基本的な同盟関係を疑問視するものではないが、ワシントンや民主主義にとって最も深刻な脅威である中国に対抗するために、フランスを強力な同盟国と期待できなくなる。したがって、この選択肢を選ぶことは、中国の挑発に対抗するという本当に重要な課題を放棄している点で間違いである。だからこそ、次に紹介する選択肢の方が重要になる。

2　戦略的選択肢2：インド太平洋の重要な大国となる

フランスは軍事力の多くをインド太平洋に投入し、同地域の主要国として自らを示すことができるが、フランス軍がすでに多くの相反するプライオリティーに直面していることを考えると、これは非現実的なことである。したがって、今後も、依然として欧州とアフリカが、第1と第2の優先事項であり続けるため、フランスはこの地域に比較的小さな軍事アセットしか投入できないだろう。仮に、アフリカからインド太平洋に兵力を移動させることを決定したとしても、後者で主に必要とされるのは海軍力であり、陸軍力ではないことが1つの課題である。したがって、十分な海軍力構築のための大規模な取組みが必要となる。例えば、潜水艦艦隊の増強や2隻目の空母オプションの検討はコストが極めて高く、（長期的には陸軍など他の軍種を危機にさらさないためには）強力かつ持続的な財政努力を尽くさなければならないだろう。

いずれにせよ、この戦略と第三の戦略（後述）は、いずれも軍事、特に海軍への強力な投資を伴わない限り、信頼性を高めることはできない。一方で、フランスはインドやインドネシア、あるいはオーストラリアとのパートナーシップを頼りにできるので、それを発展させるべきである。AUKUSの創設や潜水艦取引の禍根にもかかわらず、キャンベラの新政権によって、ゆっくりと、しかし確実にオーストラリアとの関係は正常な状態に戻りつつある。また、フランスの民主主義的価値観と懸念を共有する日本や台湾との戦略的・軍事的関係を強化するなど、この地域の国々とのパートナーシップも深めていくべきであろう。中国に対するフランスのもう1つの戦略は、中国への軍事・デュアルユース技術の売却をすべて停止することでなければならない。フランス産（あるいは欧州諸国産）部品や技術が、ロシアのように中国の軍事力を支えることは許されない。

EU唯一の軍事大国（少なくとも現時点では）として、フランスにはインド太平洋における道を他の欧州諸国のために開く責任がある。しかし、欧州パートナーがパリの本心を知らされていないうちに、フランスの利益が常に欧州の優先事項であると考えるのは控えるべきである。例えば、マクロンは就任早々、多くの欧州諸国に相談することなくロシアとの関係を「リセット」しようとした。もう1つの例は、豪潜水艦計画の破談に対するフランス政府の反応である。パリは「欧州への屈辱と侮辱」を口にした。しかし、そうだろうか？同じ欧州諸国であるチェコやポーランドに、それとどんな関係があるのだろうか。このように、「フランスの勝利はフランスのもの、フランスの敗北はヨーロッパのもの」という考え方は、フランスを含む欧州政治に広く見られる特徴であるが、少なくともパリはやめるべきである。

インド太平洋に話を戻すと、インド（あるいはインドネシア）のような国にとって、フランスは明らかな反中国でないこと、技術的に進んでいること、戦闘実績のある武器を販売していること、武器取引と全体的な戦略に関してワシントン（あるいはモスクワ）だけに頼らない機会を与えてくれること、などの利点がある。また、フランスは、例えば、巨大な欧州市場をインドに開放し、外交的にインドを支援することもできる。オーストラリアにとって、フランスは自国の民主主義的価値観を共有し、強固で高度な防衛産業を有し、南太平洋においてキャンベラと完全に対立することのない利益を有する国の代表格である。したがって、フランスが重要な地域大国となるためには、パートナーと価値と懸念を共有し、シームレスな意志疎通を心がけることが必要である。

しかも、パリは、歴史的にワシントンとの協調に消極的な国々とのパートナーシップを深め、ＥＵのこの地域への新たな関心表明を率先して行うことができる。そうすれば、フランスは中国に対して、あまり正面からではないが、おそらく効率的な方法で対抗することができるだろう。フランスの国民と指導者が、中国や国際自由秩序に対する脅威、あるいは台湾や日本に対する脅威をどのように認識するかによって、フランスはアメリカと同様の方法で、いわゆる「航行の自由作戦（ＦＯＮＯＰ）」をより多く実施することができるだろう。しかし、ロシアが民主化し、アフリカの不安定な情勢が一夜にして消滅しない限り、フランスが中国に対して大きな抑止力を発揮できる可能性は極めて低い。しかし、アジアの主要民主主義国に対するアメリカの主張、優先順位、安心感を支持し、中国にはその行動が容認できないことを示すことはできると私は考えている。

3　戦略的選択肢３：アメリカによる欧州防衛の負担を軽減する

フランス（そして、他の欧州諸国）が、さまざまな制約から、中国に対してその存在感と中国の方針に対する外交的不満を示す以外の行動ができない以上、フランスはインド太平洋にその国力を集中的に投じるべきかという疑問が生じる。この点、（フランスのリーダーシップもあって）欧州諸国がロシアによる挑発から自身の力だけで自らを守ることができるようになれば、アメリカはその戦略的焦点や政治意志、アセットの大部分をインド太平洋に移すことができるようになるだろう。このシナリオでは、アメリカはおそらくNATOの主要メンバーであり続けるが、最終的には、NATO内で欧州側の柱と対等な軸となるだろう。

その場合、アメリカは最後の砦として、特に（ロシアを抑止するための）拡大核抑止を維持するためにのみ欧州に関与することになる。その核の傘を補完するのが、フランスとイギリスの核兵器である。その意味で、ロンドンとパリは、ブレグジット後の世界において、強力な二国間および多国間の協力体制を継続することが絶対的な義務である。もちろん、このシナリオは極めて楽観的であり、（ロンドンやアンカラを含む）欧州の各首脳が同じ考え方に立つことが必要であろう。また、一部の国（ポーランドやバルト諸国）にとって、安全保障の最終的な確証はブリュッセルやパリではなく、ワシントンにあるという事実も心に留めておく必要がある。

したがって、これは一夜にして実現するものではなく長期的で痛みを伴うプロセスであり、大きな意見の相違を伴うものである。アメリカはしばらくの間、アジアと欧州の双方に焦点を当て続ける必要があるが、このシナリオの結果は、長期的には双方に魅力的で有益なものである。欧州諸国が欧州を守れるようになることは、世界でも最も繁栄している地域が必要なものをすべて自前で揃えるというごく当たり前のことになる。トランプの大統領就任によって、逆説的に欧州防衛がアメリカの国内政治にそれほど依存できないことが示されたが、欠けているのは欧州諸国の政治意志である。

このアプローチが意味するのは、欧州諸国は基本的にインド太平洋にある程度まとまった戦力を投入せず、自国の防衛とアメリカの負担軽減のためにすべての資源と力を使うということである。もちろん、このアプローチは、日本のような国だけでなく、アメリカや欧州の人々にも注意深く説明され、正当化されなければならないだろう。実際、フランスや欧州諸国は、東京などに対して、この戦略はインド太平洋が重要ではないという意味ではなく、中国に対処する西側の総合力を最大化するための最善の解決策であると説明しなければならない。また、アメリカに対しては、欧州は、より多くの負担を分かち合うことでより多くの自治を獲得することを明確にしなければならない。アメリカは、主要な決定を下しながら、関与を減らすことで得られる利益をすべて享受することはできない。さらに、欧州の一般市民に対しては、各国政府が、この戦略を展開することが現時点での欧州の最善の利益であり、ワシントンから与えられた命令を実行するだけではないことを示す必要がある（フランスの一部の政治家は、このことをすぐに口にするだろうが）。

欧米とその同盟国全体にとって、このシナリオは有益であるが、フランスのような国（あるいはイギリスも）は、自分たちがもはやグローバルパワーではないことを認め、アメリカだけが同盟国を伴って中国を抑止し、インド太平洋の大きな不安定化を防ぐための国力を持っていることを受け入れることが必要である。また、フランスのような国は、在欧米軍やそのアセットの一部を徐々に欧州のそれに置き換えていく準備をする必要がある。ここでの目標は、ポーランドやエストニア、ルーマニアに対して、インド太平洋を優先するためにアメリカが手を引くことは、あなたたちを放棄することを意味しないと明確にすることである。

それはフランスやドイツにとって大きな財政・政治負担を意味する。

長期的（おそらく数十年）には、欧州の再軍備が十分に強力かつ綿密であれば、今度はアメリカとその同盟国をより直接的に支援するために、インド太平洋にかなりの軍事力を配備することができるときが来るかもしれない。この時期については今のところ空想でしかない。しかし、それが実現したときに初めて欧州は、欧州の戦略的自立というマクロンの目標を少し修正した形で達成している可能性が高い。

4 結論

それでは、私たちは何をすべきだろうか。フランスが過去20年間にロシアに対して行ったように、中国をパートナーとした場合、今のウクライナの状況が示唆してくれる。つまり、中国を力による現状変更の意思と能力を蓄え、まさにロシアになりつつある国として扱うべきなのである。したがって、問題の核心は、フランスがインド太平洋において（すなわち、中国の悪意ある野心に対抗するために）単独で積極的に行動すべきかどうかということである。ウクライナ戦争を目の当たりにした私の答えは、どちらかといえば「ノー」である。しかし、それは利己的で協調性のない「ノー」ではなく、より広範な戦略的思考によって正当化される「ノー」である。

フランスがインド太平洋への関与を抑えた方が理に適っていると判断した場合、それは、この地域で力を発揮できる国々（その筆頭はアメリカ）と完全に協調関係にならなくてはならない。このシナリオでは、フランスは受動的であってはならず、アメリカの欧州での負担を減らすために欧州に集中することで、インド太平洋における軍事的な存在感を縮小するとしても、その外交努力は絶え間なく続けなければならない。インド、日本、オーストラリア、インドネシアなどの国々との関係を深めることで、フランスは、アメリカとアジアの同盟国が成長し、危険な中国に立ち向かうために必要とする、同じ考えを持つ国々による有志連合の構築を支援することができる。アメリカを中心とする統一戦線のみが中国を抑止できるのであり、フランスはそれを現実のものとするための役割を果たさなければならないのである。

5　だから日本はどうなる？

ウクライナ戦争は、世界を新しい地政学的時代に導くものである。世界の民主主義諸国は、これまで以上に協調を迫られている。危険な中国と予測不可能なロシアに直面している日本にとって、今こそフランスなど欧州諸国とのパートナーシップを強化する時である。東京は、欧州が重大な脅威に直面している今だからこそ、欧州に「次の重大な出来事」は中国であることを明確にすべきだ。長年、欧州の一部の人々は、国家間の対立は過去のものであるというフィクションの中で生きてきた。ロシアは、それが誤りであることを証明した。今後、中国がその誤りを再び証明するかもしれない。日本は、欧州のすべての国々にそのことを理解させるべきである。

　このように、日欧の協力の可能性はかつてないほど高まっているが、ウクライナ情勢が落ち着くまでは、欧州パートナーに過度な期待をしない方がよいだろう。ロシアが現在のような脅威であり続ける限り、欧州は東部国境に集中せざるを得ず、インド太平洋地域では限られた取り組みしかできないだろう。これは、日本と欧州の関与が無意味であるということではなく、短期的に過大な期待を抱くべきではないという意味である。したがって、アメリカ、オーストラリア、ＡＳＥＡＮ諸国、さらには韓国との協力関係の強化が、日本にとって重要な鍵となりそうである。

第9章　ロシアのウクライナ侵攻の陰で中・東欧地域に挑む中国

ヴァーツラフ・コペツキー

はじめに

2022年2月の北京冬季オリンピックで、ポーランドのドゥダ大統領が欧州連合（EU）唯一の国家元首として中国の習近平と会談したとき、ポーランドと中国の関係は磐石なものになったように見えただろう。しかし、2月24日、ロシア軍がウクライナに侵攻したこの日、ポーランドだけでなく、中・東欧諸国のほとんどの国で、中国との関係は再び下降局面に転じた。中国はロシアの侵攻を全面的に支持し、受け入れたわけではないが、ロシアに接近し、面と向かって非難しなかったことは中・東欧諸国の政治アクターたちに警鐘を鳴らした。ロシアが長年にわたり安全保障上の最大の脅威として認識されてきたこの地域では、その親密な同盟国は、控えめに言っても疑いの目で見られている。

もともと中国と中・東欧諸国の関係は、必ずしも親密なものではなかった。チェコ共和国の政治家が中国の人権を問題視し、ダライ・ラマとの友好関係を求めて中国当局を苛立たせることはあったが、政治関係はほとんど外交的で形式的なものであった。この関係の強さを変化させたのは、2つの出来事である。まず、2008年の経済危機とその余波により、この地域の多くの政治家が、可能性のある市場、投資先、時には政治的支援を求めてヨーロッパ以外の地域に目を向けるようになった。その顕著な例がハンガリーで、2011年、野心的なオルバーン首相は「東方開放戦略」を発表し、ヨーロッパの枠を超えた協力関係を広く模索することを公言した。この時期は、中・東欧諸国全体が、俗にいう経済的見返りを期待した「チャイナ・フィーバー」と呼ばれる雰囲気に包まれていた。

2つ目の重要なマイルストーンは、中国自身が主導したものである。2012年、北京は、EU加盟国・非加盟国を問わず共産主義という唯一の共通点を持つ中・東欧16カ国と共同で「16＋1」プラットフォームを開始した。国際機関やフォーラムとは異なり、中国外交部が直接運営するこのプラットフォームは、関係の強化、経済・政治交流の増加、一般的な相互理解の向上に役立つことが期待された。毎年開催される会議での投資や協力に関する大げさな発表により、インフラ整備、投資誘致、対中輸出の促進などで中・東欧諸国側に多大な期待を抱かせることになった。

早い話が、この地域のほとんどすべての国（特にEU加盟国、それ以外の国はもう少し複雑である）で同じような光景が繰り広げられた。現実の経済協力は約束や期待に遠く及ばず、多くの国が中国疲れとでも言うべきものを見せている。中国の対欧投資は2016年から2020年にかけて継続的に減少しているが、中・東欧諸国向け投資額は欧州向けの3％

を占めるのみである。この結果、ハンガリーを除いて、中・東欧には中国と真の意味で特別な友好関係を築けるEU諸国は存在しない。

このように、関係の悪化は、ロシアがウクライナに侵攻するずっと以前から始まっていた。しかし、特にロシアとの国境に最も近い国々の間では、侵略がこのプロセスをさらに加速させた。また、中・東欧諸国がこれまでほとんど無視してきた、安全保障の文脈における中国の脅威認識という新たな側面をもたらした（中国企業の5Gネットワーク開発への参加を認めるか否かの議論という顕著な例外はあるが）。

1　中国と中・東欧関係へのロシアによるウクライナ侵攻の影響

ポーランドのドゥダが習近平と会談したのと同じオリンピック期間中、中露共同コミュニケが署名され、「両国の友情に限界はない」と明示された文書は、中露関係がこれまで以上に緊密になったことを示した。さらに、両者は、他者の安全保障を犠牲にして一方的な利益を得ることを目的とした軍事的・政治的同盟や連合を批判し、NATOの拡大が放棄されるべきものとして言及された。また、中国側は、欧州における長期的な法的拘束力のある安全保障を構築するというロシアの提案を支持することを明記した。

中・東欧諸国、特にポーランドとバルト諸国にとって、NATOとの強力な協力関係は国家主権と独立を確保するための必須条件であり、この中露戦略的パートナーシップからのメッセージは、指導者の背筋を凍らせるものであった。複数のアナリストが指摘するように、中・東欧諸国は、このメッセージを、NATOの国境を（NATO第一次東方拡大が行われた）1999年以前の状況に戻すというロシアの要求に対する中国の支持として理解した。すでに、2021年12月に、バルト諸国、ポーランド、チェコを含む中・東欧諸国の大部分からNATO軍と装備を撤退させることを要求したプーチンの要求はまったく受け入れられないと結論付けられており、ロシアの侵攻によって、この主張に対する反発はさらに強まった。

ロシアによる侵略が始まると、中・東欧諸国の主要な政治家たちは、想定外の出来事に衝撃を受け、一方で「やはり一線を超えたか」という思いが入り混じった感情を抱いた。ハンガリーのオルバーン首相も含め、すべての中・東欧諸国指導者がこの侵略を非難した。しかし、果たし得る調停や和平交渉について非常に大きな期待が寄せられていた中国の反応は極めて残念なものだった。ロシアへの対応において、中国がより積極的な役割を果たすことができるという期待は、今に始まったことではない。2021年、ベラルーシが引き起こした難民危機がベラルーシとポーランドの国境で発生したとき、中国に仲介役を期待するポーランド政治家も多かった。

侵攻当初から中・東欧諸国の多くにウクライナ難民が押し寄せ、その総数は数百万人に達した。また、これらの国々では、侵略が始まった当初、次にロシアに攻撃されるかもしれないという懸念が広がったことから、ウクライナに医療機器や武器、食料を提供する支援国・供給国の上位に位置するようになった。

このことを考えれば、侵攻の当初、ロシアの行動は大国が「壁に突き当たった」結果（つまりNATO悪玉論）であると表明した中国外交部の発表が好まれなかったのは当然であろう。中国のメディアは、アメリカとNATOが不安定を助長する役割を果たしていると主張し、中国の責任ある中立的な姿勢を称賛し、戦争が欧州連合に及ぼす悪影響を強調した。中国国際放送局は、中・東欧地域において、NATOをハリー・ポッターシリーズ最強の闇の魔法使いヴォルデモートのようにさえ描写したが、この地域のほとんどの国で、同様のメッセージは中国のイメージにプラスの影響を与えず、むしろ逆効果であった。

2022年4月1日、EU・中国サミットがオンラインで行われ、EU代表はその統一された毅然とした態度で習近平を驚かせた。中国がウクライナ以外のことを議論しようとしたのに対し、EUはまったく逆のアプローチを取った。これは、中国が避けたかったことであり、長い間避けることに成功してきたことだが、EUは1つの声で、これまでになく強いトーンで発言した。中・東欧諸国の多くは、中国側が悔しがるほど、この統一されたアプローチを歓迎した。

もっとも、中国指導部は中・東欧諸国との関係が正しい方向に向かっていないことを多少なりとも自覚していた。中国のフオ・ユージン対中・東欧特別代表は4月から5月にかけて、チェコなど中・東欧諸国8ヵ国を歴訪した。この訪問は、中国の高級外交官ですらコロナ規制で中国から出るのがかなり困難な時期であったことを念頭に置いておく必要があり、この訪問に与えられた重要性は極めて明白であった。

訪問の正式な理由は、「ロシア・ウクライナ紛争に関する誤解の解消」と「中・東欧諸国の『現実的な協力』への関心を再燃させるためのアイデア」の2つであった。代表団にはシンクタンクの代表や企業家が多数同行していた。しかし、中国の立場からすると、その結果は非常に残念なものであったに違いない。代表団が会ったのはほとんど下級官僚であったばかりか、わずか2ヵ月前には関係が非常に有望に見えたポーランドでは、外務官僚に会うこともできず、代表団は議会関係者との会談を受け入れざるを得なかったのである。

その間、中国が公式または非公式のチャンネルを通じて積極的にプロパガンダを展開し続けたことも、助けにはならなかった。興味深いことに、過去とは異なり、中国とロシアのメッセージは非常によく似ており、互いに増幅し合っている。これは、中国の活動や功績を称えることに焦点を当てた従来の中国のプロパガンダからの転換である。例えば、ポーランド軍がウクライナ領土に移動したという噂が複数の中国メディアに掲載され、中国の新華社は、アメリカ主導の軍事バイオ実験プログラムにポーランドが関与しているというストーリーを報じたが、これはロシアのニュースサーバーでも非常に人気があった。また、香港の東方日報は、ポーランドの軍事的野心がウクライナ領土の奪取につながり、国境を消滅させるというストーリーを持ち込んだ。この記事は非常に深刻に受け止められ、ポーランド当局は対応を余儀なくされた。在北京ポーランド大使館は当該プロパガンダに対してネットユーザーに警告を発し、ポーランド国防省は中国による認知戦が進行中であると警告した。

その後も、中国にとってネガティブなニュースが続いた。たとえば、5月、チェコ議会下院の外交委員会は、「16＋1」からの離脱を求める決議を採択した。これ自体は政府を何ら拘束するものではなく、ロシアの侵略に対する中国の反応にただちに影響を与えるものではなかったが、長期的な対中観の悪化傾向を示すものであり、関係悪化の新たな徴候となった。ポーランドのモラヴィエツキ首相は6月、中国がロシアと連携し、侵略による混乱を利用して世界の資産を乗っ取ろうとする可能性を警告している。

２０２２年8月、エストニアとラトビアが、前年に離脱したリトアニアに続き「16＋1」からの離脱を発表した。次は、２０２３年1月に行われる親中派のミロシュ・ゼマン大統領に代わる大統領選挙の後に、チェコ共和国が離脱を決定するかもしれないと予想されている。

2 中・東欧諸国の独自性をめぐる中国の誤解

中国は、中・東欧諸国の人々の心を魅きつける努力と16＋1の設立以来、この地域を中国と社会主義の過去とかつての友好関係（１９４９年の中国建国後の最初の数年間に多くの国が非常に重要な物質的支援を行った）を共有する地域とみなしてきた。中国のアナリストの中には、これらの国々は過去に大国の抑圧を受けたという共通点があり、そのことがお互いを理解し協力することを容易にするはずだと指摘する者もいた。同時に、中・東欧諸国は西側の構造（ＥＵやＮＡＴＯなど）にあまり組み込まれていないと考えられており、そのため中国はヨーロッパ市場へのアクセスを容易にし、他方でより大きな政治的影響力を獲得できるはずであった。今にして思えば、こうした想定はほとんど誤りであったと言える。

また、中国はこの地域を、常に外部のアクターに依存し、個々の主体性を持たないものと認識しているようである。ポーランドのアナリストが指摘するように、中欧諸国は中国との関係において、自国の主体性を尊重されていないことを何度か感じているようである。16＋1の発足に伴い、中国が中・東欧諸国に提示した12の経済協力は、各国と事前に協議することなく発表され、そのフィードバックは求められなかった。同様に、中国は２０１８年にドイツに、２０２１年にフランスに、中・東欧における三者協力の確立を提案したが、16＋1の原加盟国にこれに参加したいかどうかを尋ねないままであった。この観点から、中国の識者や中国指導部のかなりの部分が、中国に対する非友好的な措置はアメリカ（またはＥＵ）の圧力の結果であり、中・東欧諸国内部から生じたものではないと考えていても驚くべきことではないだろう。

そのため、ロシアの侵攻が始まると、状況を明らかに過小評価することになった。中国指導部は、自身が常に強調する「国家主権の尊重と内政不干渉の必要性」に関するレトリックを棚に上げて、中・東欧諸国がロシアの行動に反発するのはアメリカの圧力のためだと確信するようになった。しかし、これは重大な判断ミスであった。中・東欧諸国の多くは、過去のソ連による抑圧の経験を踏まえ、ＮＡＴＯを重要な国家安全保障ギャランティーの保証者とみなしている。したがって、ロシアとの接近に関して、安全保障は経済問題に優先し、交渉の対象にはならない。

ロシア側に立つという中国の決定は、この地域の台湾へのアプローチにも明らかに影響を及ぼしている。ロシアによるウクライナ侵略以前、すでに中・東欧諸国と台湾の関係は強化されはじめていた。チェコ共和国は2020年8月にミロシュ・ヴィストルチル上院議長が台北を訪問し、台湾が二国間関係を強化することができる中、中・東欧諸国の最有力候補とみなされた。最も過激な立場をとったのは今のところリトアニアで、2021年7月に台湾が台北代表処ではなく台湾代表処を開設することを認めた。これは中国側の反発を招き、リトアニアは対中国貿易のほとんどを含む事実上の全面封鎖を受けた。このやり方にまだ他の中・東欧諸国は追従していないが、開戦後、中欧の政治家の間で台湾への関心が目に見えて高まり、代表団が双方向に流れるようになった。当然のことながら、中国はこれらに対して非常に批判的であり、これらの行動に対するアメリカの干渉を非難しているが、実際には中国自身の嫌がらせに対する反発と、中・東欧諸国の信頼できる民主的パートナーを見つけたいという関心が、この行動の主な原動力となっているのである。このことは、中国のエリートがこの地域を理解していないこと、あるいは中欧諸国が独自の主体性と独立した外交政策を持つことを認めようとしないことをさらに浮き彫りにしている。

3　中国と中・東欧諸国関係の今後

本稿執筆時点では、ウクライナ紛争は、ウクライナ軍が前進する一方で、ロシアが部分動員や核による威嚇を強め、非常に緊迫した局面を迎えている。中国共産党序列3位の栗戦書は9月、プーチンに対し、「ロシアが自国の重要な利益を守るためにとったあらゆる措置の必要性を完全に理解している」「ウクライナ問題でロシアがいかに困難な状況に置かれているか理解する」と述べるなど、さまざまな高官のメッセージにもかかわらず、中国のロシア支援の立場は、ほとんど変わらなかった。一方、その直後のロシア側との会談では、習近平はかなり気乗りしない様子で、王毅外相はウクライナ側と直接会い、中国はウクライナのパートナーであることを再度アピールしようとした。こうした一連の動きは中・東欧でも注目されていたが、中国がその立場を根本的に変えることはあまり期待できない。

近未来を予想するならば、中国がどの方向に進むかによって、大きく3つのシナリオが考えられる。中国がバランスをとり続けるか、ロシアにさらに接近するか、あるいはロシアから距離を置くかである。この3つのシナリオはいずれも、中・東欧諸国との関係に強い影響を与えることは間違いない。

現状維持のシナリオでは、オルバーンの下ですでに中国の伝統的な同盟国であるハンガリーを除けば、他の国はむしろ中国を警戒し、関係は悪化の一途をたどるだろうと予想される。特定のプロジェクト（物流の簡素化、対中輸出の増加、中国の戦略的意図を心配する必要のない投資の歓迎）における現実的な経済協力は妨げられないだろうが、政治的な関係はかなり冷え込んだままであろう。「16＋1（本稿執筆時点ではすでに14＋1）」はさらに崩壊し、積極的に利用されなくなることが予想される。また、各国は、特に安全保障に関しては、中国を疑いの目で見るようになるだろう。つまり、5Gネットワークへの中国の参加は制限され、中国発のサイバー攻撃の確率は高まり、中国は中・東欧諸国がアメリカに支配されているというレトリックを鮮明にし、中・東欧諸国をさらに不快にさせることになるだろう。

もし中国がロシアをさらに強く引き込み、そのレトリックを公然と支持し、直接的な軍事協力まではじめるとしたら、中・東欧諸国が中国に友好関係の扉を開いておくことは不可能になるだろう。中・東欧諸国から見れば、中国の対ロ支援は、NATOの境界線を1999年の拡大以前の状況にまで戻し、ほぼすべての中・東欧諸国をNATOから追い出すというロシアの目標を支持することを意味する。そうなれば、中国は直接的にも間接的にも軍事的な脅威となる。これに対し、中・東欧諸国は、NATO、EU、アメリカとの協力関係をさらに強化する以外に選択肢はない。また、中国との協力に前向きな政治家たち（おそらくオルバーンも）も、対中融和を続けることは耐え難いほど困難な状況に陥るだろう。

最後のシナリオは、最も可能性が低いものである。それは、中国がロシアとの協力は資産ではなく大きな負債であると判断することである。それは、習近平の下で進められ推奨されている国際関係のパラダイム変更はまだ熟していないと判断したことを意味する。このような中国の外交政策の急激な変化は、リベラルな国際秩序に有利に働くようなルールの変更を意味するため、あまり想像できない。もちろん、このシナリオでは、中・東欧諸国は再び中国との架け橋となることができるだろう。

とはいえ、中・東欧地域そのものの内部力学もまた、過小評価されてはならない側面である。

これまでのところ、オルバーンは中・東欧地域における「破天荒な人物」であるが、もし戦争が劇的に経済的・社会的影響を与えることになれば、政治情勢も価値観も大きく変化する可能性がある。スロバキアやブルガリアでの世論調査によると、本稿執筆時点ですでに、ロシアに開戦を強要したＮＡＴＯを非難するなど、世論はより親ロシア的な方向にシフトしている。こうした世論変化の原因はさまざまあるが、経済的不安感、反グローバル化感情、生活や社会保障を強化することを求める声、さらには外国のプロパガンダの影響などが複合的に作用している。この地域でより多くの親ロシア派政権が誕生すれば、中国に対する政策も変化することが予想される。それを裏付けるように、２０２０年秋に欧州12ヵ国で行われた世論調査では、中・東欧では中国に対する認識とロシアに対する認識が最も強く相関していることが明らかになっている。しかし、全体としては、この変化が地域全体を覆うのでなければ、地域全体の傾向の変化というよりは、ハンガリーのようないくつかの例外が生じるだけであろう。

最終的にどのようなシナリオになるかは別として、ロシアのウクライナ侵略とそれに対する中国の反応が、中国と中・東欧諸国の関係に大きな影響を与えたことは確かである。これは、ロシアがウクライナ侵略を決意する前にすでに起こっていた反露反中傾向を大幅に加速させた。さらに、中国自身の政策に大きな変化が起こらない限り、中・東欧地域は、中国の行動や目論みに対して非常に慎重で反発的な姿勢を維持することになるだろう。

4 日本への示唆と提言

この20年間、日本は中・東欧諸国、特に「ヴィシェグラード4（チェコ、スロバキア、ハンガリー、ポーランド）」にとって重要な海外投資国の1つであり、また、非常に安定した政治パートナーシップを構築してきた。ロシアによるウクライナ侵略以前、中国との経済協力が進展しないことへの不満から、中・東欧諸国の多くは、日本や台湾などとの関係を経済的・政治的に強化する可能性を模索してきた。中国と中・東欧諸国の関係が悪化している現状は、日本がこの地域で存在感を高めるまたとないチャンスであろう。同じような価値観を共有する民主主義国家間のパートナーシップは、共に達成できることに対して現実的であるとともに（中国のように大言壮語ではなく）謙虚であり、まさに今、中・東欧諸国が必要としているものなのである。

※本稿の執筆にあたり、中国の中・東欧地域への影響に関する分析を提供する多国籍専門家コンソーシアム「CHOICE - China Observers in Central and Eastern Europe」の寄稿者から貴重な教示と示唆を頂いたことをここに感謝する。

第10章 ソ連の影から中立国へ、そしてNATOへの道を歩む

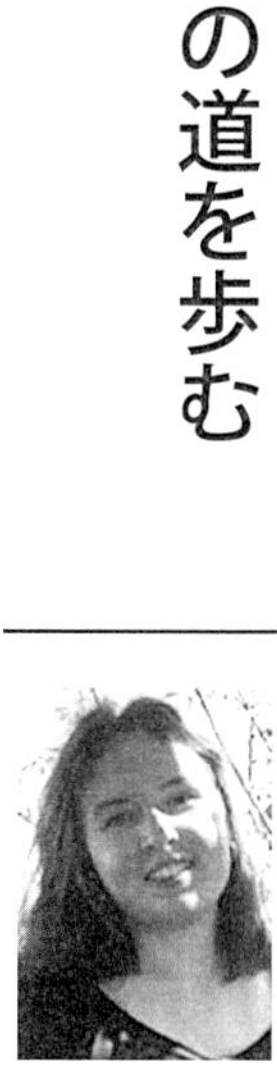

エンマ・ニカンデル

2022年2月24日のロシアによるウクライナ侵略は、全世界を震撼させた。特に、欧州で国家間戦争が起こるのは（ユーゴ紛争を除けば）第二次世界大戦以来80年ぶりで、しかも、物理的に北大西洋条約機構（NATO）や欧州連合（EU）諸国に近接する場所で発生したため、欧州の政治アクターのみならず一般市民にも衝撃が走った。これまで想像だにしなかった侵略の現実は、NATO、国防、エネルギー安保など、深刻で直接的な軍事的脅威とそれに対する対策を、突然、欧州各国の社会的議論の中心課題に仕立て上げた。

フィンランドは、1917年の独立以来100余年の間に、外交政策において多くの段階を経てきた。対ソ戦争や、いわゆる「フィンランド化」を経て、ソビエト連邦の崩壊後、フィンランドはようやく独自の存在感を発揮しはじめた。そして、これまでフィンランド外交の中心に位置した「中立」思想は、ロシアのウクライナ侵略により、ついに手放されることになった。ここでは、フィンランドの国防に対し常に圧力となってきたソ連との二国間関係史を簡単に振り返る。そして、ウクライナ侵略後に胎動しはじめた国防政策の新しい変化に焦

点を当てる。

1　フィンランドの歴史

現在起きていることを理解するためには、過去に何が起きたかも知らなければならない。フィンランドは１９１７年まで独立主権国家ではなかったが、混乱を避けるために、スウェーデン東部の現在フィンランドに相当する地域について言及するときは、便宜上、「フィンランド」と表記する。

１８０９年まで、フィンランドはスウェーデンの一州に過ぎなかった。スウェーデンとロシアの国境は17世紀と18世紀に大きく移動し、フィンランドの一部は国境の引き方によってスウェーデンであったりロシアであったりした。１８０９年、ナポレオン戦争でスウェーデンはロシアに敗れ、フィンランドはロシア帝国の自治大公国になった。つまり、フィンランドはロシアの一部でありながら、宗教の自由やスウェーデン語を公用語とする権利など、いくつかの特別な権限を手に入れたのである。

フィンランドは１９１７年12月、平和的にロシアから独立した。しかし、独立した新しい国のはじまりは、決してやさしいものではなかった。平和は長くは続かず、１９１８年１月に内戦がはじまった。５ヵ月続いた内戦の後、フィンランドは勝者（上流階級）と敗者（労働者階級）の２つに分裂した。しかし、１９３９年11月30日、ソビエト連邦がフィンランドを攻撃すると、分裂した国は結束せざるを得なかった。この通称「冬戦争」は4ヵ月続き、3月にフィンランドとソ連がモスクワ講和条約に調印して終結した。ソ連の攻撃は西側の指導者たちから批判されたが、スウェーデンとエストニアからわずかな義勇兵が到着したのみであり、(現在のウクライナに対する国際支援体制とは大きく異なり) フィンランドは他国から何の援助も受けられなかった。フィンランド軍とソ連軍の戦力(※当時、フィンランドは兵員約30万人と作戦機114機を保有し、対するソ連は兵員50万人と作戦機3880機を保有していた) を比較すると、フィンランドが数週間でも自国を守れたことは奇跡的と言われる。故に、フィンランド国民が団結して祖国を守ったという意味で、「冬戦争の精神」(フィンランド語で *Talvisodan henki*) が欧州中で話題となった。

第二次ソビエト・フィンランド戦争とも呼ばれる「継続戦争」は、1941年に始まり、1944年に終結した。この戦争時、フィンランドはナチス・ドイツと同盟を結び、ナチス・ドイツから20万人以上の兵士と財政的支援を受けることで華々しい対ソ戦の幕が開けた。しかし、その後、フィンランド軍は後退を余儀なくされ、フィンランドが降伏し、1944年にモスクワで休戦協定に調印することで戦争は終結した。さらに、ドイツ敗北の結果、フィンランドは、1947年にパリで最終的な休戦協定に調印し、モスクワ休戦協定の内容を再確認したが、講和の条件は厳しいものであった。フィンランドはソ連に東側国境の広大なペツァモ地域を割譲したほか、首都ヘルシンキ近郊から30キロしか離れていないポルッカラ地域の50年租借権も譲渡し、賠償金として3億ドルを支払わなければならなかった。戦後、ソ連は連合国管理委員会をフィンランドに派遣し、すべての条件が守られているかどうかを確認した。これが今日のフィンランドを形づくっている。

戦争はフィンランドをさまざまな意味で変えた。戦争は、それまで真っ二つに分かれていた国を1つにまとめ、フィンランドの人々や海外の人々に、たとえ小さな国であっても、国民には国を守る力があることを示した。しかし、休戦のための厳しい条件は、フィンランド国民と政府を恐怖に陥れた。当時の他の多くの国々と同様に、モスクワを怒らせて侵略される口実を作りたくなかったのである。故に、政治家や大統領はソ連の言い分に耳を傾けるようになった。たとえそれがフィンランドの国益よりもソ連の要望を優先させることであったとしても…。

2　フィンランド化

フィンランドの歴史は、一般的に海外では教えられておらず、国際的に常識的な知識ではない。しかし、フィンランドの外交・安全保障史は、ロシアやソビエト連邦との関係を抜きにして語ることはほとんど不可能である。

戦後、ソ連はフィンランドの内政に干渉するようになった。連合国から連合国統制委員会が派遣されたが、ソ連が同委員会を完全に支配していた。政党や組合の中には、ファシスト的であるとして閉鎖や違法化を余儀なくされたものがある一方で、共産党が再び政治の一翼を担うことを許された。元大統領のリスト・リッティのような重要な政治家は、開戦決定を下したとして戦争犯罪人として捕らえられ有罪判決を受けた。このように、ソビエト連邦は、独立した主権国家を合法的に支配する方法を手に入れたのである。

「Sisu（シス）」という言葉は、他の言語に翻訳することは困難だが、フィンランド人の考え方を特徴づけるものである。それは、どんな苦境でもあきらめない柔軟性を意味する。20世紀初頭、フィンランド初のオリンピック（※1920年アントワープ大会）で金メダルを獲得した選手たち、冬戦争の兵士たち、そして今でも母国を守ろうとする人たちの発言の中にこの言葉が見受けられる。このように、スポーツとその成功は、常にフィンランド人の大きな誇りであった。また、安全保障政策に関しても、フィンランドは、国際的に自らを表現する方法を独自に改善させて、小さな国でありながら戦争に巻き込まれることもなく、さまざまな方法で地図の上にその姿を刻んできた。故に、現在進められている世界最大の軍事同盟であるNATOの一員になることは、フィンランドにとってまったく新しい経験である。これまで何十年にわたり、何をすべきかをソ連から指示されてきたフィンランドにとって、今こそ新たな自信を築き上げるときが到来しているのである。ただし、NATOに加盟する前のフィンランドの政治的決定が重要でなかったと言いたいわけではない。これまでフィンランドは国際社会において最も安全で教育熱心な国の1つであったが、国際政治の言説を形成する上では重要な役割を果たしてこなかっただけである。

「パーシキヴィ・ケッコネン・ドクトリン」とは、ユホ・クスティ・パーシキヴィ（1870

－１９５６）とウルホ・ケッコネン（１９００－１９８６）の２人の大統領にちなんだものである。ドクトリンの要点は、東西間で中立を保つことであったが、実際には、ソビエト連邦と良好な関係を維持することを意味した。特にケッコネンは大統領として、また個人としてもソ連と良好な関係にあったことで知られている。このドクトリンは、「フィンランド化(Finlandization)」として１９６０年代に有名になった。これは、他国(特に大国)による内政・外交への干渉を許した、あるいは許さざるを得なかった小国（の悲哀）を表す言葉でもある。ソ連はエストニアや他の多くの国々にしたように、フィンランドに軍事侵攻せずとも、フィンランドの国内政治に深く関与することで、誰もかもが、ソ連を怒らせフィンランドを占領する口実を与えないように注意を払った。フィンランドは中立国であったが、実際にはフィンランドが行うすべての決定は、まずソ連の承認を得ているという実態はよく知られていた。

故に、フィンランドが１９４９年のＮＡＴＯ発足時に加盟しなかったことは、前述したフィンランドの歴史を知ればそれほど驚くことではない。一方、フィンランドはソ連主導のワルシャワ条約にも加盟していない。フィンランドは戦後、東西どちらかの敵になるような政策には関わらないように中立を保とうとした。ワルシャワ条約への加盟を拒否した後も、フィンランドは１９４８年のフィンランド・ソビエト条約に調印した。この条約は、フィンランドとソ連が良好な関係を保ち、フィンランドが国際紛争に巻き込まれないようにすることを意味していた。また、フィンランドが攻撃を受けた場合、ソ連はフィンランドが助けを求めれば増援に来るという内容であった。つまり、フィンランドは、大国政治に関与しないことに同意したのである。それはまた、いかなる軍事機構にも参加しないことを意味した。故に、第二次世界大戦後、フィンランドは、アメリカのマーシャル・プランを含む多くの援助に関する選択肢を断らざるを得なかった。

地理的に東欧と西欧の間にあるフィンランドは、ヨーロッパで最も長いロシアとの国境線（約1335km）を共有しており、国防上の懸念であった。この文脈においてロシアとの良好な関係は必然であった。また、NATOにとって、フィンランドの地政学的位置は集団防衛においてさまざまな意味で重要である。つまり、フィンランドがロシアを刺激し、ロシアがウクライナで起きているような「特別軍事作戦」をわずかな口実でも見つけて開始すれば、NATOが巻き込まれる紛争のリスクは確実に高まる。「フィンランドがNATOに加盟したいのか、NATOがフィンランドを加盟させたいのか」、プーチンは、NATOが東方に拡大してロシアに敵対していると非難してきた。故に、アメリカやNATOがフィンランドを招き入れるとすれば、プーチンの非難が真実であるかのように喧伝されることになるのではと、加盟反対派からは懸念されたのである。

3　ロシアによるウクライナ侵略後のフィンランド

2022年2月24日、ロシアがウクライナを侵略した。振り返ってみると、フィンランドの政治家も官僚も一般市民も、ロシアを本当の軍事的脅威とは認識していなかった。攻撃の

1ヵ月前には国民の30％がNATO加盟を希望していたが、攻撃の1週間後には53％が加盟を希望した。6月末、一院制の議会（Eduskunta）がNATO加盟準備を開始すると発表した際、78％の国民がその決定を支持した。結果的に、5月17日に議会で行われたNATO加盟申請決議では、定数200議席中188人の議員が賛成票を投じた。

2022年1月にサンナ・マリン首相は、2023年4月に終了する彼女の任期中にフィンランドがNATOに加盟する可能性は極めて低いと述べたばかりである。この発言から4ヵ月も経たないうちに、フィンランドはスウェーデンと共にNATO加盟の手続きを開始した。彼らは2022年5月18日にNATO加盟を申請し、NATOは2022年6月29日に両国の申請を受理した。

フィンランドによるNATO加盟申請後、ロシア外務省のザハロワ情報報道局長は、フィンランドの決定には「軍事的な衝撃」がもたらされると述べたが、プーチン自身は申請に強く反応していない。これは、プーチンがフィンランド全土やその一部を占領することに関心を抱いていない表れでもあろう。

スウェーデンと共にNATOに加盟することを表明したフィンランドでは、何らかの問題を引き起こすかもしれないと懸念されている。それは、トルコがスウェーデンのNATO入りを心からは望んでいないからである。2022年10月末現在、フィンランドとスウェーデンの加盟申請を批准していないのはトルコだけである。トルコのエルドアン大統領は、「フィンランドのNATO加盟はスウェーデンほど大きな問題ではない」とほのめかしている。スウェーデン抜きでフィンランドがＮＡＴＯの一員になることの方が容易なのであれば、なぜ単独で行わないのか？　それは、フィンランドがスウェーデンより先にＮＡＴＯに加盟するという選択肢がありえないからである。例えば、フィンランドのサウリ・ニーニスト大統領は、「フィンランドとスウェーデンはこの旅を一緒にはじめ、これからも一緒に旅を続けていく」と述べた。両国の関係から、もし、フィンランドだけが加入を承認されても、フィンランドがスウェーデンを置き去りにすることはないだろう。

北欧諸国間の協力関係は古くから続いている。フィンランドとスウェーデンは中立・独立国であり、独自の軍事協力を開始しようという話もあるほどだ。フィンランドはスカンジナビア（スウェーデン、ノルウェー、デンマーク、時にはアイスランドも含む）の一部ではないにしても、このグループの国々から協力を打診されることも多く、彼らがフィンランドに協力を求めるのも自然である。

4　国民の声

世代を超えた外交・安全保障上のトラウマは、フィンランドでは今でもいろいろな文脈で見られる。若年世代の曾祖父母世代は、若者が知らない対ソ戦争を戦い、その大半はすでに亡くなっている。故に、現在の若年世代にとって、「戦争」は過去のことである。もちろん、我々の祖父母は、戦争のトラウマを抱えた両親に育てられ、安全なスウェーデンに逃げたものの貧しいフィンランドに連れ戻された祖父母たち、孤児になった祖父母たち、故郷の爆撃を今でも覚えている祖父母たちが依然として生活するが、年々、その総人口における比率は減少している。

1940年代から1990年代、フィンランド化やケッコネン大統領の時代に生きた人々は、ソ連との戦争が再びはじまることへの恐怖を教えられてきた。その世代は、NATOに対する考え方が2つに分かれる。もし対ロ戦争がはじまったら、冬戦争や継続戦争のときのように自分たちだけで戦う必要がないようにNATOに参加したいという意見と、これまでの歴史的経験から、ロシアに襲われたフィンランドに対して他の国々は遺憾の意を表すことはあっても実際には助けないだろうから、NATOの一員になることで抑止力を強化するべきだ、という意見である。フィンランドで最も有名な本は、『無名の兵士（フィンランド語：Tuntematon Sotilas）』で、継続戦争中のある部隊の物語である。この本は、戦争を美化するのではなく、指導者や戦争全般を批判し、戦争の狂気をとらえ、兵士とその家族が払った犠牲を詳細に描いている。この本の劇場版を見た後、父が「こういうことが二度と起こらないようにするために、我々はNATOに参加しなければならない」と言ったことを私ははっきりと覚えている。

ロシアによるウクライナ侵略前は、NATOやNATO加盟の可能性に関する会話は、時折、話題に上る程度で、政治的に重要なトピックとは見なされていなかった。一方で、NATOに加盟しないことは、1990年代に終わった「フィンランド化」による中立政策を思い起こさせるものであり、他方では、ロシアからの侵略や攻撃はあり得ないものと考えられていた。

中立は、形式的には第二次世界大戦以来、そして、実質的にはソビエト連邦の崩壊以降も、フィンランドの安全保障政策を特徴づけてきた。もちろん、フィンランドはEUの一員であり、西側世界と密接な関係にあるが、紛争に巻き込まれたことは一度もない。フィンランドは、NATOに属さないロシア国境にある国で、ロシアが攻撃してこなかった唯一の国である。結局、ロシアに対する脅威認識あるいは恐怖心の欠如が、フィンランド社会、特に、政治家を分断している。一般的に、左派政党はロシアを潜在的な脅威とみなさず、右派政党はロシアを脅威とみなし攻撃の可能性に備えて防衛を強化するよう主張している。

この中立からNATOへの加盟は、安全保障政策の根本的な変化である。フィンランドは、以前からNATOとの軍事演習を行い、1990年代にはNATO諸国から戦闘機を購入したが、その軍事機構に完全に加盟するのと、平和のためのパートナーシップ（PfP）に参加するのとでは、劇的な違いがある。ロシアによるウクライナ侵略まではあまり議論されていなかったとしても、NATO加盟は、長い間、選択肢として検討されてきた。ロシアと良好な関係を保つことは、昔も今もフィンランドのDNAに刻まれており、それを手放すことは難しいのも事実である。

2014年にロシアがクリミアを併合した後、フィンランドはロシアといかに密接に、特に経済的に絡み合っていたかを思い知らされた。EUの対ロ制裁措置は、フィンランドに多くの経済的損害を与えた。2020年のフィンランドの輸出額（サービス含まず）は、総額688億ユーロ相当であるが、そのうち54億ユーロ相当が対ロシア輸出であった。フィンランド国内の多くのビジネスがロシア人観光客に依存しており、一般市民にとって制裁は、解雇や、東部フィンランドへのロシア人観光客の減少として実体験された。

ウクライナのロシアに対する戦いぶりを見ていると、ロシア軍が予想以上に弱いこともわかってきた。すぐに終わると思われていた戦争は、今や半年以上も続いている。ロシアに対する恐怖心は今でも存在するが、数カ月前ほど緊張感を持ったものではなくなっているのも事実である。状況は急速に変化しており、1つだけ確かなことがあるとすれば、それは「何も確かではない」ということである。ロシアによる「汚い爆弾」や原子力発電所に対する攻撃も含めた核物質・核兵器の使用は、依然として懸念材料の1つである。また、ソーシャルメディアへの投稿や情報拡散を通じて、他国民に自国に有利な偽情報を信じこませることは、ますます容易になってきている。この情報戦や認知戦が、戦場での実戦よりも世界規模で影響力を有することも判明した。フィンランドは、NATOに加盟することで、各民主主義国の持ち寄るアセットと政治的意志を活用して、このような古くからの試練と新しい試練に対して効果的に対処しようとしている。

5 結論

歴史を学ぶ者として、どんなに陳腐に聞こえようと、自国の歴史を知ることは重要である。過ちの多くは、同じ過ちがすでに犯されていたことに気付きさえすれば、避けることができるはずであろう。同じように、現在の選択にも、過去を調べなければ理解しがたいものがある。ソビエト連邦の意向に沿うように何でも同意した当時のフィンランド政治家を、いま批判することは簡単で、ある意味では正当な意見でもある。しかし、政治家も含めて、ほとんどの国民は、その時々に、最善と思われる選択をしてきたことも忘れてはならない。

1年前に、現在、欧州で起こっていることを予測できた人はいなかった。プーチンの攻撃はあり得ないと思われており、もし始まったとしてもウクライナは長くはもたないだろうと思われていた。言わんや、来年、あるいは数ヵ月先のことを誰が予測できるだろうか。あるいは数ヵ月先のことを予測できるだろうか。フィンランドの元大統領マウノ・コイヴィスト（1923－2017）は、「何が起こるかわからないなら、すべてうまくいくと推定しなければならない（Ellemme varmuudella tiedä, kuinka tulee käymään, olettakaamme, että kaikki käy hyvin）」と述べた。これは、未来を考える上でとても健全だろう。フィンランドのNATO加盟は、すべてうまくいくという見込みのある選択肢なのである。

第11章 時代の転換期

トーマス・オエレルマン

1994年1月21日早朝、ドイツ連邦軍兵士は、燃料を盗もうとしている青年に何度もやめるように言ったが、応じなかったため発砲した。ソマリアのベレトウェインにあるドイツ連邦軍のキャンプで、連邦軍兵士の銃撃を受けたソマリア人の若者の死は、ドイツ本国において大きな遺憾の意をもって受け止められた。ソマリアでのこの事件は、統一ドイツの軍隊である連邦軍が、これまでとはまったく異なる課題に直面しなければならないことを明らかにした。国連からの委任を受けてドイツ軍が行動したソマリアでの任務は、戦後ドイツの安全保障政策上の転機となった。ドイツの防衛・安全保障政策に新たな方向性が示されたのである。そして今、ロシアのウクライナ侵略を背景に、ドイツは新たな転機に直面している。この転機は、ほとんど認識できないほどのスピードと力量でやってくる。かつては、政策の変更は長いプロセスであったが、今では必然的に急速な展開となり、同様に迅速な対応と構想が必要とされている。

1　ドイツ連邦政府の防衛政策の展開

このことは、特に国防と安全保障政策の分野でよく認識できる。第二次世界大戦後、新たに設立された連邦共和国は、明確に西側を志向した。初代連邦首相であるコンラート・アデナウアーは、西側同盟国との和解を進めながら自国をヨーロッパに固定し、西側の安全保障機構に自国を依存させる政策をとった。これは事実上の北大西洋条約機構（NATO）加盟を意味した。ドイツの外交政策に不可欠な要素である。欧州統一プロセスにおける積極的な役割と軍事同盟NATOへの加盟は、今日でも、ドイツの外交政策に不可欠な要素である。特にイギリスが欧州連合を脱退した今日、連邦共和国は自らを欧州連合の強力なエンジンとみなしている。しかし、この強力な役割は、すべてのEU加盟国から肯定的に受け止められているわけではない。ドイツのこうした活動は、決定的に大きな経済力と共存しているのである。「ドイツはEUの中で自国の経済的利益しか考えていない」という非難が、最近ますます頻繁に、そしてはっきりと語られるようになってきた。

何十年もの間、ドイツの役割が軍事的重要性によって規定されることはなかった。長い間、ドイツが攻撃的な安全保障政策を追求することはなかったからである。1945年の大敗北は、欧州全域に及ぶ最大の破壊力を持つ大惨事と国家社会主義者が犯した膨大な犯罪とが相まって、当初は、ドイツが軍事的・安全保障的役割を果たすことはもはやないだろうとすら思われた。しかし、その後、状況は極めて急速に変化した。1949年のドイツ連邦共和国の成立は、ドイツの分断を明示し、第二共和国である西ドイツは、冷戦の最前線国家となった。そのため、早くから再軍備が議論されるようになった。コンラート・アデナウアー政権下の連邦政府は、一方でワルシャワ条約機構がもたらす脅威に対抗し、他方で西側同盟国の要求に応えるために、新しいドイツ軍を建設しようとしたのである。再軍備には大規模な抗議運動も伴った。第二次世界大戦におけるナチスの戦争犯罪に加えて、爆撃、疎開、追放によるドイツ国民の苦しみという直接体験があったのだ。

直接的な歴史的経験と前述した抗議活動により、連邦共和国の新しい軍隊と呼ばれる連邦軍は、意図的に民主的な構造を持つようになった。モデルとなったのは、「制服を着た市民」、すなわち国民と軍隊の密接な関係である。これによって連邦軍の民主主義的統制が担保された。このようにして、一部の復古主義政治アクターが国家内に反民主的な二重権力中枢を作り出すのを防ごうとしたのである。連邦軍の構築を任された将校のほぼ全員が、国防軍や国家社会主義ドイツ労働者党に所属していた過去があったため、こうした懸念は決して根拠のないものではなかった。

連邦軍は当初から議会の強い統制を受けていた。議会制の軍隊となったのである。それ以来、連邦軍の派遣、特に海外派遣には、連邦議会の決定が必要とされるようになった。1990年代後半、連邦軍の作戦は常に一定の遅れをもって開始されたため、このことが障害となることもあった。しかし同時に、真に民主的に統制された軍隊が確立されたのである。

連邦共和国の建国から１９８９年のいわゆるドイツ民主共和国の転換期までの間、連邦軍は主に領土防衛のために使われた。ワルシャワ条約機構の軍隊からの潜在的な脅威には、多くの人員で対抗することになっていた。このレベルの人員を確保するため、連邦軍は最初から徴兵制の軍隊であった。しかし、連邦共和国憲法、いわゆる基本法で良心的兵役拒否権が保障されていたため、社会施設等での13ヵ月間の奉仕を終えなければならなかった。この強制的な制度は、常に批判の的となった。しかし、軍隊にとっては、必要な人員を確保し、職業軍人の新人を見つけるための手段であった。もっとも、数年前に徴兵制が廃止されたのは、道徳的な理由ではなく、コスト的な理由であった。強力な軍隊を維持するための資金がなくなり、あるいはその資金を兵器技術の近代化に充てることができなくなったのである。

主に領土防衛に力を注いでいた連邦軍は比較的強大な兵員数を持ち、ＮＡＴＯの同盟国とともにワルシャワ条約機構によるＮＡＴＯ領域への攻撃を抑止することになっていた。しかし、振り返ってみると、連邦軍はその装備の貧弱さから、せいぜい大規模な歩兵部隊によってワルシャワ条約機構軍の進撃を遅らせ、ＮＡＴＯ軍本隊がより有利な位置につけるようにするのが任務であったと考えられている。

１９８９年まで連邦共和国がＮＡＴＯの指導国の１つにならなかったのは、連邦軍の核武装が常に拒否されていたこととも関係がある。政策としての核武装は、国民の多くが軍事大国としての台頭と同一視していたため、国内では達成できなかったのだ。核武装は、ドイツの過去から見ると何十年も想像がつかないことだった。連邦共和国の核による抑止力確保は、昔も今もNATO加盟国次第である。

1989年まで、ドイツ連邦軍の最大の出動派遣は、何よりも自然災害時の国内支援であった。このような大災害は、連邦共和国憲法である基本法が適用される唯一の連邦軍派遣であった。憲法の起案者たちは、社会不安やデモの際にドイツ連邦軍が国内で使われるのを防ぎたかったのである。1918年以降のワイマール共和国時代、左翼と右翼の政治的争いに軍や準軍事組織が巻き込まれた経験があまりにも大きかったからだ。その結果、連邦軍は防衛と災害派遣の場合にのみ活動することになった。ドイツ連邦共和国の歴史の中で、連邦軍が投入され、多くの人々を助け、その名を知らしめることになった大きな災害が2つある。1962年、北海沿岸を高潮が襲い、計340人が死亡した。連邦軍は洪水で身動きがとれなくなった多くの人々をボートやヘリコプターで救助した。1978年から1979年にかけての冬の大嵐の際にも、ドイツ連邦軍は物資の運搬や重機による撤去作業を行った。

2　転機となった1989年

1989年は、ドイツの国防政策にとって大きな政治的転機となった。ワルシャワ条約機構の崩壊を背景に、国防戦略も強力な軍隊の維持も、もはや時代遅れと思われたのである。まず、ドイツ民主共和国（旧東独）人民軍の一部を連邦軍に引き継がなければならなかった。実際に引き継がれたのはごく少数の部隊と兵士にすぎなかったが、ドイツ連邦軍の自己イメージと内部構造にとってきわめて重要であった。連邦軍は、長い間、西ドイツの軍隊であったのだ。

冷戦の終結によって、世界各地の紛争に対する意識が高まった。1991年の湾岸戦争では、連邦共和国はトルコに空軍部隊を派遣し、わずかながら参戦したが、将来的にはより大きな国際的関与が必要であることが明らかになった。その後、平和構築と平和維持がドイツ国防政策の原則となった。最初の任務は、実際にこのような性格を持ち、国際連合からの委任を受けたものであった。中でも、ソマリアへの派遣を挙げるべきだろう。ドイツ政府の考え方によれば、「連邦軍の安全保障活動は常に政治的使命を伴うべき」である。バルカン半島でのIFOR（1995年から1年間ボスニア・ヘルツェゴビナに展開したNATO指揮下の平和維持部隊）とSFOR（IFORの後にボスニア・ヘルツェゴビナに展開した非NATO諸国も含めた平和維持部隊）の任務は、この規定のもとで行われた。

1999年のコソボ紛争におけるNATOの対セルビア介入への積極的な参加は、ドイツ連邦軍に新たな役割を与えた。今日から見れば、参加の合憲性は非常に批判的に見られている。しかし、この戦争は国内政治の転機にもなった。1990年当時、社会民主党と緑の党は、連邦軍を海外で利用することを筋道立てて説明することができなかった。社会民主党はすでに1992年に転向しており、緑の党も1998年に初めて連邦政府の一員となり、これに続いた。しかし、2001年のニューヨーク世界貿易センタービルへのテロ攻撃とそれに続くアメリカのアフガニスタンでの作戦は、ドイツの国防政策を大きく揺るがす出来事となった。連邦軍はタリバーン政権打倒のための戦闘には直接参加しなかったが、その後、他の多くの国と同様、アフガニスタンの新政権を支援するための復興支援部隊を派遣した。平和構築や平和維持に特化した部隊に加え、秘密作戦に従事する特殊部隊の兵士も投入され、この作戦の合憲性が繰り返し問われた。しかし、長い間、アフガニスタンでの任務は比較的議論の余地のないものであった。「ヒンドゥークシュ山脈でも連邦共和国の自由を守る」という当時のペーター・シュトラック国防相の言葉には誰もが従おうとしなかったが、アフガニスタンで連邦軍を伴って行われた市民社会再建ミッションには幅広い支持があった。また、あまり根拠がないように思われたアメリカのイラクへの軍事介入を拒否するのも、ドイツの戦後外交の方向性と一致するところであった。サダム・フセインが大量破壊兵器を保有しているという説明と非難は、ドイツ国内では受け入れられなかった。そのかわり、各地でイラク戦争に反対するデモが行われ、そのうちのいくつかは当時の与党社会民主党の共同主催であった。

アフガニスタンでの任務は、ドイツ連邦軍を根本的に変えた。同国での活動の意義とはほど遠く、多くの損失が生じることで大きな議論を引き起こした。タリバンによる攻撃は、兵士の犠牲者をどんどん増やしていった。ドイツ社会は、このような人的損失と折り合いをつけることが困難であった。第二次世界大戦の死者（兵士と民間人）は、今でも多くの家族の中に存在しているが、民主化のための闘いで犠牲者が出たことは意味合いが違うからである。

アフガニスタンでの損失は、連邦軍が海外での困難な任務に適した装備を整えているかどうかという議論につながった。この文脈では、連邦軍のいわゆる調達政策がしばしば批判された。1989年以降、強力な部隊を擁する領土防衛のための軍隊を、機動的で迅速に展開できる特殊部隊に転換するためには、異なる防衛技術を持つ装備が必要とされたのである。しかし、連邦軍と国防省は、それに対応する軍備プロジェクトを予定された期間内に、とりわけ設定された予算内で実施することができないように思われることが何度もあった。

3 ウクライナ2022年

2022年は、連邦共和国の国防政策にとって真の転機であった。ウクライナへの攻撃は、第二次世界大戦後のヨーロッパで最大の武力紛争であり、連邦軍はその戦略も兵器技術も再び変えなければならないことを意味する。

開戦から3日後の2022年2月27日、オラフ・ショルツ連邦首相はドイツ連邦議会での演説で、この戦争とその結果が連邦共和国の政治にとって転機（Zeitenwende）となったことを宣言した。社会民主党（SPD）、緑の党、自由民主党からなる連立政権を率いるショルツは、連邦共和国の歴史上最大の軍備計画を発表した。1000億ユーロの資金を投入し、欧州の安定を確証できるよう、連邦軍をできるだけ早く強化するのである。この措置の特殊性は、このような金額の資金が連邦予算から直接拠出されるのではなく、いわゆる特別基金を介して拠出されるという事実によっても強調される。

ショルツ率いるＳＰＤにとって、ドイツ政治におけるこの転換点の宣言は簡単な一歩ではなかった。なぜなら、それは結局、ドイツの対ロシア政策、とりわけＳＰＤの政策が失敗し、おそらくは誤導もしたことを明らかにしたからである。１９８９年以降、そして１９９１年のソ連崩壊後、人々は、特に国家社会主義者によって始められた対ソ戦争の体験を背景に、ヨーロッパの未来のためにはロシアとの集中的な対話が必要であると確信していた。そして、その対話は、最終的には経済的な関係も強化するものでなければならない。人々は「貿易を通じた変革（Wandel durch Handel）」という考えを信じていた。しかし、ロシアのウクライナ侵略がはじまると、特に社会民主党は、対話を優先しようとすると、ロシアが勝手に進める反欧米政策が見落とされがちであることを認めざるを得なくなった。つい最近も、ドイツ社会民主党のラース・クリングベイル党首が指摘したのは、近年、ロシアの政治に繰り返し警告を発してきた近隣諸国や中・東欧のＥＵ加盟国の意見に耳を貸さず、ドイツ外交においてロシアがしばしば強い関心の的になってきた事実であった。

４　ドイツの政治が抱える課題は何か

すでに述べたように、連邦共和国は、防衛政策の観点から、来るべき課題に備えるために多大な努力を払うことになる。また、ＮＡＴＯおよびＥＵのパートナーとの合意により、ウクライナは引き続き物資と武器で支援される。

今後、ドイツの欧州政策は、欧州の防衛政策と密接に関連することになる。ウクライナ紛争は、今後何年にもわたってEUにおいて支配的な課題・問題となるであろう。そして、EUにおけるドイツの役割は、ウクライナ紛争における共通かつ協調的な政策を推し進めることにある。この任務は容易ではない。一方では、現在、多数のEU諸国で強力なポピュリスト勢力が台頭し、その一部は政府の一角を担っており、信頼できるパートナーとは言い難い。他方、エネルギー不足、物価上昇、インフレによって、欧州の社会的結束は疑問視されている。ヨーロッパ、特に西欧諸国と中・東欧諸国の間の社会的不平等をなくすことは不可能に思える。しかし、ドイツ側が近隣諸国、特に中・東欧諸国と対等な立場で対話することを望むなら、欧州の主要な社会問題の解決策を見出す可能性が広がる。欧州社会は、EU加盟国だけでなく、ヨーロッパ全体に安定をもたらし、大きな対立軸を解消しない限り、将来の大きな課題に立ち向かうことはできないのである。

ヨーロッパの深刻な危機（2015年移民危機、新型コロナ感染症、そしてロシアのウクライナ侵略）が起こるずっと前に、ドイツではギリシャの国家債務が欧州政策の大きな問題になっていた。ドイツの既成政党であるキリスト教民主党、社会民主党、緑の党、自由党、社会党への批判がもとになってリベラルな抗議政党「ドイツのための選択（AfD）」が設立され、すぐにまったく異なる抗議問題を持つ人々の集う場となった。2015年からは、アンゲラ・メルケル首相の移民政策が批判されるようになった。連邦共和国のいわゆる移民歓迎に対する抗議が街頭で行われ、移民反対と外国人排斥は、ドイツ国内のほぼすべての選挙で一定の潜在有権者にアピールする言説となった。他のグループは「ドイツのための選択肢」の背後に集まり、いわゆる既成政党の政治に明確に疑問を呈し、ほとんどの場合、急進的な思想を推進した。このような抗議の生じやすさは、新型コロナ感染症の大流行の際にも、国民の健康を守るための政府の規制措置に抗議するために利用された。今秋の初めからは、ウクライナでの戦争に伴うエネルギーコストの高騰に対して、既存政党への反発を背景に抗議の声が上がっている。有権者の支持を得るためなら、どんな問題でも取り上げるという勢力が、政治の世界でも増加している。

2022年2月24日を迎えるまで、気候変動は連邦政府が直面する最大の課題であった。2021年の連邦選挙後に発足した社会民主党、緑の党、自由民主党による連立政権は、気候政策に明確な重点を置き、自らを「気候内閣」とも称した。ロシアによるウクライナ侵略は、持続可能なエネルギー生産の重要性を再び高めている。ロシアのガス供給が途絶え、エネルギー価格が大幅に上昇すれば、今後数ヵ月のうちに大きな経済・社会危機が発生する可能性がある。連邦政府はエネルギー危機による社会的苦難を緩和しようとする一方で、エネルギー供給の転換を達成する絶好の機会とも認識している。たとえ化石燃料がルネッサンスを迎え、原子力の完全廃止が先送りされたとしても、ドイツでは今後、エネルギー供給をより自立させ、とりわけ気候変動にやさしいものにするために大きな努力が払われることになるだろう。そして実際、気候変動に配慮したエネルギー生成の割合は、増加の一途をたどっている。

しかし、これらの努力も、最終的には、ドイツの国内政治情勢がどのように展開されるかにかかっている。西ドイツ地域と旧東ドイツ地域では、市民の感性が極端に異なる。特に東ドイツの農村部では政府に対する抗議行動が増加する可能性が高く、右翼政党やグループがここで大衆運動的な性格を持つこともある。一方、西ドイツは統一後30年経った今でも生活水準が高く、民主主義に対する信頼も高いため、問題に取り組み、解決する強い国家への信頼が厚い。したがって、西ドイツと東ドイツ間の相違ギャップは、今後、数ヵ月でさらに深まる可能性がある。

ただし、ドイツの政治システムには希望を抱かせる徴候もある。ベルリンで開催されたウクライナ復興会議で、ショルツは「ウクライナの復興は全世代の課題であり、今すぐ始めなければならない」と宣言した。このような野心的かつ長期的な目標がここで策定されるということは、ドイツの政治文化の強さを示している。ドイツは、時代の大きな課題に、概念的にそして何よりも能動的に取り組むことに慣れている。民主主義政党の間に強いコンセンサスがあることもこれに寄与している。その結果、政権が代わる可能性があるにもかかわらず、大きなチャレンジは継続的に追求されていくのである。

第12章 ユーラシア帝国強化のための ネオ・ユーラシアニズム

ヌノ・モルガド

はじめに

２０２２年9月末現在、紛争はすでに7ヵ月以上続いており、体系的な考察が必要である。第1節では、2月から現在までの戦争の説明、ロシアとウクライナの地政学行為主体の認識と能力の分析、そして戦争の経過に関する3つのシナリオの策定を行う。第2節では、革命的な精神と運動―ロシアの地政学行為主体の実体―を取り上げ、ネオ・ユーラシア主義の行為主体、目的、行動様式などロシアの政治文化の重要な部分としてのロシア帝国主義や、ロシアの政治システムを支配するロシア情報機関に関連づけることによって、戦争をより広い文脈に位置づける。

1　ウクライナにおける戦争

　2022年2月24日にロシアがウクライナに対して行った戦争は、圧倒的な軍事力の誇示によってウクライナを迅速に敗北させるという明快な目的を持っていた。緒戦の全縦深同時攻撃により、ロシア軍は2日間でキーウを包囲し、ヘルソンやハルキーウといった他の重要都市も間もなく陥落すると思われた。ロシアの狙いは、まさにウクライナを一気に征服する「特別軍事作戦」だった。それはヒトラー・ドイツの電撃戦に似ていたが、兵站の面では、ドイツがはるかに優位性を発揮している。

　しかし、ウクライナ人は抵抗し、3月にはロシア軍はウクライナ北部から東部および南部へと撤退した。ウクライナ人の抵抗の度合いには驚きを禁じ得ない。これは、ウクライナ人の防衛、あるいは（スペイン人歴史家のビセンス・ヴィヴェスが指摘する）領土の再確保という強い意志、ウクライナ軍の高い士気、ウクライナ当局による柔軟な指導力といった要因だけでは説明できない。これらのすべての要素が重要であることは確かだが、もし西側諸国が団結できず、援助（財政、経済、政治、軍事）が失敗していたら、戦争の行末は大きく変わっていただろう。

　ウクライナ侵略において、地政学的な主体およびその認識・能力を分析すると、ロシアでは、ここ数ヵ月はプーチンが軍事的な直接指揮を執り、いかなる屈辱や敗北も受け入れようとしていない。万が一、ここで譲歩すれば、以前にプーチンの政策アドバイザーであったアンドレイ・イラリオノフの表現を借りれば「秘密警察集団」というロシアにおける実際上の権力機構に対する立場が弱まる（※極端に言えばプーチンを権力の座から引きずり下ろすことさえ可能だろう）ばかりか、プーチンの国際的立場、すなわち中国、イラン、その他の同盟国との関係も弱まることになる。

ウクライナでは、元俳優のゼレンスキーが指揮をとっている。彼のレトリックによれば、ウクライナ人は自由と主権のために戦っており、それゆえ、２０１４年までウクライナ領だったクリミアを含むすべての領土を奪還することが要求されているという認識である。２０２２年２月に戒厳令を発令し、18歳から60歳までの男性を動員するだけでなく、大統領府と軍司令官に大きな権力を集中させた。

この状態で、プーチンがいかなる敗北も認めないため、現時点（9月末）で大きく3つのシナリオが起こりうることになる。第一は、ロシア当局の何らかの策略を用いた部分的な動員である。この「部分動員」はおよそ１００万人に達する可能性があり、国家の権限をさらに強化する一方で、すでに弱っているロシア経済に巨大な財政的圧力をかけることになる。しかし、この動員は、ロシア当局のプロパガンダが説明するほどには戦争が進展していないことをロシアが暗黙のうちに認めることをも意味する。それでも、この動員によって、ロシアは、ソ連がナチスの侵攻に対して適用したのと同様の手法で、何十万人もの兵士をウクライナに投入することができるようになる。このような人間の集団の圧倒的な前進を通じて敵の砲火に対抗するため、ウクライナ人は、ロシア軍の大部隊が到着する前にできるだけ前進する必要があり、前線での戦闘の激しさが増すと予想される。

もし、何らかの不測の事態でこの方策が失敗すると、ロシアの敗北を避けるための第二のシナリオは、ロシア軍をドンバス（ルハーンシク州およびドネツィク州）に集中させることである。キーウからの撤退（※プーチンはキーウは軍事目標ではないと主張し、二次的なものとしていた）とは異なり、この第二の選択と集中によって、ドンバスはウクライナ人による征服が事実上不可能となり、この巨大な軍事プレゼンスを解消することは非常に困難となるであろう。その間にヘルソン州やザポリージャ州がウクライナの手に戻ったとしても、プーチンはキーウ撤退と同じ演説を繰り返すだけでいい。そうなれば、ロシアはドンバス、場合によっては他の地域も支配するという目的を達成し、戦争に勝利することになる。

ロシアの敗北を避けるための第三のシナリオは、明らかに、ウクライナに対して核兵器を使用することである。ロシアがウクライナの地域を自国領として併合したことにより、ロシア当局はロシアの領土の一体性が安全保障上のリスクにさらされていると主張できるようになるからである。ロシア憲法および核ドクトリンは、その場合の核兵器の使用を承認している。それは、何千人ものウクライナの兵士と民間人の壊滅的な死を招くことになる。この措置に対する国際的な反応は、中国による「平和の仲介」である可能性が高く、ＮＡＴＯによる直接的な軍事的反応はありそうもない。そして、このシナリオでも、ロシアは戦争に勝利することになる。

2 「大いなる現実のパズル」の中のウクライナ戦争：革命的メンタリティーと革命運動

政治心理学は、ウクライナ戦争とその背景を理解する上で助けになる。ブラジルの哲学者オラヴォ・デ・カルヴァーリョは、革命運動の起源は、歴史の道筋で永続してきたある種の精神性、あるいは「認識の構造」にたどることができると主張し、その認識の構造を「革命的メンタリティー」と名付けた。この革命的メンタリティーの特徴は、(a) 理想的なより良い世界が可能であるという過激な信念、(b)「遡及的正当化のメカニズム」、つまり、今現在の政治行動の結果を、過去に遡って正当化するレトリック、そして最後に、(c) 正当化と戦術の重複、つまり、あることとその反対のことを同時並行的に行っているということである。(b) と (c) はいずれも、(a) の「より良い世界」に到達するための方法である。

革命的メンタリティーは、時間と政治的な限定行動の概念の歪みとして、歴史を通じて政治的行動のための残忍で非合理的な領域を作り出した。ヒトラー、レーニン、スターリン、ポル・ポト、毛沢東の行為は、前述の革命的メンタリティーの特徴を容易に説明することができる。革命運動は、いかなるイデオロギー的な硬直性や独自性によってではなく、認識の一元的構造、すなわちカルヴァーリョが述べたように「一元的性格をもつ自己意識の連続現象」である革命的メンタリティーによって構成されていることを理解することが極めて重要である。これを理解することは、ネオ・ユーラシアニズムにおける革命運動との関係や目的、行動様式を評価する上で大きな助けとなる。

革命運動がいかなるイデオロギー的な指針からも独立しているのと同様に、革命運動もまた自律的であり、国家から独立している。とはいえ、革命運動は国家を支配することができるだけでなく、国家をつくり出すことさえできる。ソビエト連邦は妥当な例である。「ソ連」というナラティブは、共産主義インターナショナル運動の前身である国際労働者協会が1864年に創設されてから（マルクス自身も協力した）58年後の1922年（※2022年はソ連創設100周年であることに注意）に出現しており、ソ連自体の崩壊後も存続しているのである。この前提は、革命運動が国家に対してさえ、時として独立したダイナミズムを生み出すと説明するリップスマン、ロベル、タリアフェロの議論と相通じるものがある。その結果、革命運動は主として、政治的な結果をもたらす特定の世界観によって規定されることになる。

3　ネオ・ユーラシアニズム、ロシア帝国主義、インテリジェンス・サービス

前述のように、ネオ・ユーラシアニズムは、多くの文脈の中で、国際革命運動の構成要素の1つである。ネオ・ユーラシアニズムがロシアの外交・防衛政策を決定するわけではない

にしても、ネオ・ユーラシアニズムはプーチン政権を導く中核的な思想の多くを結晶化させており、したがって、現在の状況や今後の出来事に関する最も可能性の高いシナリオについて有益な洞察を与えるのに役立つと思われる。アレクサンドル・ドゥギンはネオ・ユーラシアニズムの主要な提唱者であり、ここでは彼と彼の思想に焦点を当てる。彼の影響力についてすでに調査した文献は別として、ロシア政治における彼の関連性を示す最も新しい証拠は、おそらく今夏に、彼の娘がドゥギン自身のために用意されたと思われる爆弾によって暗殺されたことである。

地政史学的な観点から見ると、ロシアの帝国的伝統の特定には、主に、領土的な文脈と政治的な文脈という2つの側面がある。第一に、領土的な文脈では、帝国という概念は、地理的拡大の目的と民族の混合（正統派スラブ民族とイスラム系トルコ民族など）と結びついている。第二に、政治的な文脈では、ロシアの伝統的な独裁的権力構造と結びついている。この2つの考え方は、ネオ・ユーラシアニズムを十分に刺激し、それをできるだけ強く維持しようとする。領土の面では、例えば独立国家共同体では、ロシアの「内政」、すなわちユーラシア連合のラベルの下で扱われるため、ネオ・ユーラシアニズムでは各国は主権国家とはみなされていない。ネオ・ユーラシアニズムは、ロシア人およびポスト・ソビエト空間のすべての民族が共有する文化の統一と歴史的運命の存在を擁護し、民族の多様性を賛美する。しかし、これは、自治の可能性を与えられない国家の多様な内包、すなわち、地理的な拡大と独裁的な政治形態を維持するために流用された視点を含んでいる。

「ロシアの使命」という考え方は、この帝国の伝統と結びついている。東ローマ帝国の遺産から多極化の創造と西洋の覇権の破壊まで、ネオ・ユーラシアニズムはロシアに果たすべき使命があると主張している。これは「ロシアの独自性」の一部を構成するものであるが、理論や哲学の影響については、主に西側からもたらされたものであるため、「ロシアの独自性」は存在せず、この考えを支持することは難しい。地政学的に重要な概念に関しても、ロシアが生み出したものに重要性の高いものはない。にもかかわらず、ドゥギンはロシア文明の独自性を主張してきた。ネオ・ユーラシアニズムの思想の大半は（ロシアの技術も含め）西側から輸入されているが、その底流には常に「西側の絶対的拒絶」、すなわちロシアと西側の永遠の非互換性宣言が流れている。

相容れないイデオロギー（共産主義、保守主義、イスラム主義、ファシズムなど）の矛盾した統合として、ネオ・ユーラシアニズムとその同盟国の統一は、アメリカや欧州諸国からなる「西側」の敵視と破壊という戦略目標によって明快に保証されている。プーチンの「革命運動」の古風な目標はソ連時代に由来するが、ネオ・ユーラシアニズムをその最大のイデオロギー的柔軟性において使用しているのである。

ドゥギンによるネオ・ユーラシアニズムの革命運動への統合は、まさに、かつてソ連も約束したように、「西側」の破壊が「より良い世界」をもたらすというドゥギンの約束によって、さらに維持される。したがって、ドゥギンが革命運動という大きなダイナミズムに刻まれた革命家である、あるいは革命家として行動しているという前提が実証的に支持される以上、ドゥギンを保守とみなす余地はほとんどない。同じように、プーチンやロシアのエリートたちも保守派とは言い難い。彼らの背景、戦術、目的は、革命運動の特徴と合致しており、保守的な運動とはかけ離れているのである。

これまでまだ定式化されていないのは、ロシア情報機関とネオ・ユーラシアニズムとの関係である。ドゥギン家が、代々、ソ連の諜報機関に勤務していた家系であることに加え、ネオ・ユーラシアニズムがインターネットや編集運動において、非常に多くの言語・言説で拡散されていることから、これらの拡散は、単に興味深く魅力的なアイデアの産物なのか、それとも非常に強力な行為主体の行動から直接もたらされた結果なのか疑問を持たざるを得ないが、さまざまな証拠は後者の見方を裏付けている。ブラジルの保守派ジャーナリストであるカルヴァリョは、ネオ・ユーラシアニズムをKGBの戦略であるとすることに躊躇していない。この点で、ドゥギンの著書はこの問題に光を当てることができる。

「ソ連のKGBは、現在のFSBと同様に、政治問題を最優先し…」、「…新しいユーラシアの秩序、すなわち太陽光のように神々しく、浄土のように清浄で、大陸的なKGBは、ユーラシアの正の価値を確立するだろう」（ドゥギン）

この引用は、①ドゥギンはFSB／ロシア情報機関をKGBの後継とみなしている、②ドゥギンにとって、ネオ・ユーラシアニズムは行為主体としてのロシア情報機関に依存している、ということを明示している。新しいユーラシアのエリートはロシア内の「並列ヒエラルキー」、つまり、「オプリーチニキ（※イヴァン4世が設立した皇帝に対する裏切り者の逮捕・拷問・処刑組織）」のようなプーチンに忠実な秘密警察集団から選出する必要があるというドゥギンの考え、つまり、中央集権的な秘密警察組織を賞賛することは、ネオ・ユーラシアニズムの優れた代理人が秘密警察／諜報機関であるということを理解する鍵である。

さて、ロシア当局は100％ネオ・ユーラシアニズムに関与しているのだろうか。どうやらそうではないようだ。しかし、ロシアのエリートたちは、ネオ・ユーラシアニズムも生まれた革命的な精神性、革命運動の実質の中で教育され、訓練されてきた。例えば、プーチンの政治的祖先であるトロツキーや1917年の共産主義革命家たちがロシア皇室を容赦なく撃ったのにもかかわらず、今日のプーチンはクレムリンの大統領執務室の隣にニコライ1世の絵を飾っている。あるいは、ソ連の終焉はソ連の情報機関（あるいは国家警察）が自ら国家解体を決断した結果であり外部からの介入ではないにもかかわらず、今日のロシアはソ連崩壊に対するレバンキズム（復讐心・失地回復主義）を抱いている。これは2005年にプーチンが宣言した「20世紀最大の地政学的大惨事」としてのソ連崩壊の言葉を持ち出すこともできる。これらの例は、先に述べた革命的メンタリティーで理解することができる。もう1つの例は、ファシスト体制に似ているにもかかわらず、敵を「ファシスト」と呼ぶといった具合である。

このように、ネオ・ユーラシアニズムはロシアの外交政策を形成するが、ロシアの外交政策はネオ・ユーラシアニズムの単一の戦略プランだけに制約されるものではない。ロシアの外交政策の意思決定と結果を理解するためには、革命運動からの正当化および戦術の二重性または多重性を念頭に置かなければならない。ここで、誰が、何を、どのように、という政治学の問いに対する答えを体系化することを試みる。つまり、（a）ネオ・ユーラシアニズムのエージェント、（b）目的、（c）ロシア政治の行動様式に関する解説である。

ネオ・ユーラシアニズムのエージェントは、前述のように、ロシアの情報機関に所属する学者や知識人である。他のグローバリストのプロジェクトと同様に、ネオ・ユーラシアニズムもまた、前述のエージェントの権威の下にグローバルな寡頭制秩序を通じて世界をコントロールするという目的を持っている。そのためには、アメリカと西洋文明は可能な限り無力化されなければならない。また、行動の様式に関してはその体系化はより広範である。第一の行動様式は、権力の累積的集中である。したがって、革命的メンタリティーは、全体主義的プロジェクト、独裁体制、権威主義体制、警察国家を好む傾向があり、そこでは、組織的で政治的な反抗が生じる可能性はきわめて低い。全体主義的な文脈では、革命は、教育と文化、社会と政治、健康と宗教の支配への道を開くだろう。しかし、国家が完全にコントロールすることが不可能な経済は、社会民主主義／社会主義／ファシズムが提案するように、半分だけコントロールされることになる。

ロシアの構造的問題（経済の弱さ、人口問題など）にもかかわらず、ロシアの権力構造はソ連で鍛えられた自信に満ちたエリートたちによって構成されている。結局、ドゥギンの言うようにソ連のイデオロギーはもう存在しないのである。しかし、ドゥギンは「ロシアがソ連時代と同じ立場を守ることもある」と述べた上で、ロシアがソ連を代弁するとする、ネオ・ユーラシアニズムの目標を主張する。

行動の様式としての文化破壊も、よく知られている。例えば、1970年にカナダに亡命した元KGBエージェントのユーリ・ベズメノフは、ロシア情報機関による「大洗脳」などのイデオロギー破壊の四段階（崩壊、不安定化、危機、正常化）を指摘している。ロシア情報機関研究の専門家であるヴァイセはラジオ番組で、スプートニク、ロシア・トゥデイ、それに一部のフェイスブックやツイッターは、クレムリンのプロパガンダ機関であり、そこで働くジャーナリストは旧KGBの技術に基づく訓練を受けたと詳しく説明している。

さらに、ロシアで手段や様式として犯罪行為が利用されてきた。犯罪がそのレベルでどのように政治を助けるのかをよりよく理解するためには、グラムシの処方箋を思い起こすべきであろう。最後に、選択的殺戮または大量殺戮と戦争といった攻撃的な行動様式を指摘する。選択的殺戮の例はアレクサンドル・リトヴィネンコのポロニウム210による暗殺に見られる。また、大量殺戮に関しては、歴史上、革命運動ほど多くの人々を殺害した政治運動は他にない。そして、この文章は、ウクライナ侵略と市民に対する無差別攻撃、ブチャ等の虐殺によって横たわる何万もの死体をもって閉じられる。

4　おわりに

本章では、ロシアのウクライナ侵略を、ネオ・ユーラシアニズム、ロシア帝国主義、そして、ロシア政治の現実の中に位置づけ、その概要を紹介した。ドゥギンのネオ・ユーラシアニズムにとって、敵はアメリカと西側である。したがって、アメリカとEUの間に分断を生み出すことが、プーチン政権誕生以来のロシアの主要な戦略目標であった。ネオ・ユーラシアニズムの知識人もロシア情報機関の幹部も革命運動の一部を構成しており、多くの目的や行動様式が重なり合っている。

ロシアの安全保障は西と南への国境拡張に依存しており、西側民主主義の弱さをとらえるロシアの認識は間違ってはいない一方で、これまでの戦争の過程で西側が示す結束を間違いなく過小評価していた。しかし、（a）ロシアの一部としてのクリミアの国際承認、（b）ドンバスと他のウクライナ地域の独立とロシア編入、（c）ウクライナの中立性達成という、プーチンの要求が満たされるまでは、今後もプーチンの戦争は続くだろう。

5　だから日本はどうなる？

プーチンが権力の座から引きずり降ろされる可能性は低い。しかし、仮にそうなったとしても、秘密警察集団がロシアの政治体制を掌握できなくなることはない。これは、革命的な精神性、帝国的な領土拡大、ロシアの独裁的な政治形態が中期的に変わることはないということを意味する。同様に、中国も巻き込んでのユーラシア連合の創設と、反欧米的なグローバル多極世界の構築というロシアの地政学的な二大目標の追求も継続されることを認識すべきである。

第13章

「野蛮」な時代における欧米同盟の挑戦とそのアジアへの影響

細田尚志

２０２２年２月24日のロシアによるウクライナ侵略は、冷戦崩壊による国家間戦争の蓋然性低下と安定による経済成長を謳歌し、ロシアもその受益者側にいると認識していた欧州諸国を大きく動揺させた。この衝撃は、アメリカの安全保障のあり方を変えた同時多発テロに匹敵する、まさに「欧州における９・11」であった。欧州に国家間戦争が戻ってきた現実は、欧州諸国を軍備拡張による抑止力確保に向かわせ、特に、ロシアとの融和的な関係による安定と安価なロシア産資源に依存してきたドイツに覚醒を促している。

この戦争では、（１）ロシアの侵略をウクライナ内に局地化し、ウクライナの主権と自由主義諸国の価値を守るために軍備・情報・資金をウクライナに支援する「新たな代理戦争」の局面と、（２）北大西洋条約機構（ＮＡＴＯ）東縁部の防衛力強化を通じた「拒否的抑止力」と核による「懲罰的抑止力」による抑止力の確保（余分の安全確保）という局面が見られる。そして、それらの局面を通じた「認知戦」を含む領域横断的な協力関係の深化により、トランプ時代に「脳死」の瀬戸際に追いやられた欧米同盟は修復され、これまでになく強化されている。その上で、アメリカのインド太平洋へのシフトが可能かどうかが試されている。

プーチンは、かつて、「民主主義国家は脆弱である」と述べたが、身勝手な理屈によって力による現状変更を厭わない「野蛮」な指導者たちが核兵器を片手に跋扈する世界において、民主主義国家は、さまざまな叡智や意志、アセットを持ち寄ることで対抗することを模索している。しかし、エネルギー安全保障に対する懸念やロシアによる認知戦の影響などにより、対ロ制裁の継続やウクライナ支援を訴える欧州諸国指導者層の一方で、一般市民のあいだに衣食住に関する懸念が増え、支援疲れが広がっているとも指摘される。この点、選挙直前に世論に左右されやすい民主主義体制をいかにして支えるか（大衆の不満をいかにして解消するか）が欧州の一体性およびウクライナ支援体制を維持する鍵となろう。

1　新たな代理戦争

ロシアによる侵略開始直後の2月28日、自前の軍事力を有さない欧州連合（EU）は、共通外交・安全保障政策（CFSP）のための長期予算外基金「欧州平和ファシリティ（EPF）」から、ウクライナ向け資金支援を決定し、史上初めて（間接的ではあるが）第三国に致死性装備を提供、アメリカ主導の「ラムシュタイン・フォーマット」を通じた欧州諸国の軍事支援も増加している。この結果、「新たな代理戦争」と称される、有志国による対ロ制裁や軍備・資金・情報提供によるウクライナ支援連合が形成されている。

例えば、アメリカは2022年レンドリース法により、ウクライナに精密誘導兵器を含む総額約46億ドル相当の軍事支援を提供して戦局の流れを変えた。しかし、各国の二国間支援総額のGDP比統計（※2022年8月18日付キール世界経済研究所）で見る限り、ロシアの「力による現状変更」に直接的な危機感を抱くエストニア（0・8％）やラトビア（0・8％）、ポーランド（0・5％）、リトアニア（0・3％）などの積極性が目立つ（アメリカは0・2％程度、ドイツは0・08％、日本は0・01％）。

また、NATOの戦争にエスカレートすることを防ぐという理由により、依然として戦車や歩兵戦闘車の供与に慎重なドイツも、MLRS－Ⅱ多連装自走ロケットシステムなどを提供した（※戦車や歩兵戦闘車は米・英・仏なども申し合わせて供与していない）。ドイツは、兵器・弾薬類の提供以外に、ウクライナ兵の国内訓練や、負傷したウクライナ兵の治療受け入れ（※9月中旬時点で460名前後と欧州最多）、ロシア兵の携帯電話通話解析、諜報情報提供など、目立たないが多岐にわたる重要な役割を担っている。ドイツは、この他にも、自国製の中古戦車・歩兵戦闘車をチェコやスロバキアなどの中・東欧諸国に提供することで、中・東欧諸国がウクライナ兵の使い慣れている旧ソ連製装備を提供できるようにする装備スワップも進めている（しかし、これとて無尽蔵ではない）。

これまで欧州では、「代理戦争（Proxy war）」は主体的行為者が代理者を犠牲にして自身の目的を達成する非道な行為であるというイメージで語られ、正当な政策として選択されることは少なかった。この代理戦争は、本来の主体的行為者が戦闘顧問による戦闘支援を通じて代理者である国家／亜国家主体に敵との厳しい戦闘を代弁させる「伝統的モデル」と、本来の主体的行為者が代理者に資金、兵器、訓練を提供することで敵との戦闘を側面支援する「技術拡散モデル」に分類される。

今回、欧米諸国などの有志国が、核保有国ロシアによる侵略に対し、第三次世界大戦や核戦争を回避するために、湾岸戦争時のような自国部隊派遣の代わりに紛争当事者であるウクライナに軍備・資金・情報を提供し、ウクライナの祖国防衛を支援すると同時に民主主義や法の支配、国際システムなども守る「新たな代理戦争」を進めることで、代理戦争にまつわるこれまでのネガティブなイメージを刷新し、新たな定義と戦略的意義を見出す機会を提供している。

つまり、中露権威主義枢軸の既存世界秩序に対する挑戦が増加する限り、核戦力および強力な通常戦力を有する権威主義国家に対して、有志国が、世界戦争や核戦争にならないように自身の関与を抑制しながら、（安保条約などの法的根拠はないが）共通価値の代弁者たる紛争当事国に軍備・資金・情報を支援して闘ってもらうという新たな代理戦争の形態が、今後、増加することが予想される。

ただし、この新たな代理戦争の成功は、インド太平洋シフトを進めるアメリカにおいても、ある種の「オフショアー・バランシング」アプローチを採用させる可能性をもたらし、有事の際の米軍の増援を期待するアジア諸国にとって、自国民の国防意識や継戦能力の観点も相まって、今後のアメリカの関与形態を巡る懸念材料ともなっている（※ポーランドを介して

ＮＡＴＯ諸国から陸路で軍備や物資を輸送可能なウクライナと、海上輸送に依存せざるを得ない北東アジア諸国では前提条件が異なる点に注意)。

2 「抑止力」の確保

一般的に、抑止力は、核兵器による耐えがたい打撃を加える威嚇に基づいて敵のコスト計算に働きかけて攻撃を断念させる「懲罰的抑止」と、通常兵器による特定の攻撃的行動を物理的に阻止する能力に基づいて敵の目標達成可能性に関する計算に働きかけて攻撃を断念させる「拒否的抑止」とに分類される。

１９９1年末のソ連崩壊により直接的な軍事脅威から解放された欧州諸国は、戦力および予算を段階的に削減し、各国の戦力も、国家間紛争などの高強度脅威ではなく非国家／亜国家主体によるテロなどの低強度脅威や平和維持活動などのために編成されたため欧州諸国の対ロ拒否的抑止力は弱体化し、頼みの在欧米軍すら大きく削減されていた。また、アメリカに依存する一方で、２０１４年ＮＡＴＯウェールズ・サミットで合意された「国防費のＧＤＰ比２％」目標を達成する意欲が低い欧州諸国を、米政権は、トランプ以前から批判してきた。

２０２２年2月24日以降、ＮＡＴＯは、２０１４年3月のロシアによるクリミア併合を受けてバルト三国やポーランド、ルーマニアに「巻き込み装置」として配備した大隊規模の多国籍戦闘群（※旅団／師団規模へ改編を検討中）の即応態勢を高めるとともに、スロバキアとブルガリアにも新たに多国籍戦闘群を展開し、不安を感じるNATO東縁部諸国に対し「余分の安全」供与を強化している。さらに、6月のマドリッド・サミットで、クリミア併合後に総兵力4万人に強化されたNATO即応部隊（NRF）を30万人超に増強することも決定された。また、ロシアによるウクライナ侵略前に6万4千人前後であった在欧米軍は、米本土からの増派により冷戦後初めて10万人以上となった。この結果、マクロンの言葉を借りれば「脳死」状態であったNATOは、フィンランドとスウェーデンの加盟申請も相まって、創設以来70年間培ってきた連帯を最大限発揮して抑止力を強化している。

ここで注目すべきは、一部NATO新規加盟国の度重なる配備要請にもかかわらず、1998年のNATO・ロシア基本文書に基づき、新規加盟国内への実質的な部隊配備が2014年3月のクリミア併合まで見送られてきたという事実である。ロシアおよび中国は、NATOの東方拡大を「特別軍事作戦」実施の背景の1つに挙げているが、NATO加盟は中・東欧諸国の自発的要請から実現したもので、NATO新規加盟国内への実質的な部隊配備を招いたのはロシアのクリミア併合であるという事実を無視している。さらに、NATO加盟を希望する主権国家に対する懲罰的な軍事侵攻を正当化することはまったく筋違いな議論である。

一方、NATOの懲罰的抑止力は、アメリカの核戦力を中心に、英・仏の独立した戦略核戦力と、NATO5ヵ国で「核共有」される180発程度のB61核爆弾とそれをデリバリーする核・非核二重能力機（Dual Capable Aircraft: DCA。F－16、改修型トーネード、F－35など）から構成される。米・英・仏各国の核戦力は、それ自体が同盟の抑止力であるとともに、それぞれの独立した意思決定に基づくことで潜在的な敵対者の計算を複雑にして同盟の抑止力向上に寄与している。また、核共有される核爆弾は、ロシアが大量に保有する非戦略核レベルの抑止力となるとともに、参加する欧州諸国がアメリカと核運用に関して協議する機会をもたらしてきた。しかし、ドイツ国内の反核機運や政権交代により、ロシアに対する抑止力低下が懸念されていた。

今回、ロシアの力による現状変更意欲が明確化し、カリーニングラードのイスカンデルM弾道ミサイル（核弾頭搭載可）や、ロシアによるベラルーシへのイスカンデル供与の約束という脅威の増加に対し、ついに、ショルツ政権はDCAであるF－35Aの導入を決定した。また、ポーランドが2024年までにF－35Aを配備するほか、チェコも導入に前向きで、スロバキアやブルガリア、ルーマニアがF－16を導入するなど、中・東欧諸国における米製戦闘機の増勢は、NATO東縁部における防空能力の向上だけではなく、DCAの増加も意味し、将来的なNATO核共有の東方拡大をも想起させる（※依然として新規加盟国への核兵器は未配備であり、2022年マドリッドサミットでもNATO・ロシア文書の明示的な破棄は見送られているが…）。

3　欧米同盟の修復・強化

NATO諸国の国防拠出が少ないことからアメリカのNATOからの撤退をほのめかし、

「ノルドストリーム2」パイプラインをめぐってドイツ政府批判を繰り返したトランプ時代、独米関係は非常に厳しい局面に置かれていた。もっとも、冷戦の終結により国家間戦争の蓋然性が低下した欧州では、トランプ以前より国家安全保障に関するアメリカ依存の必要性が低下し、イラク戦争をめぐる「旧欧州」と「新欧州」対立や、欧州各国首脳に対する米諜報活動の発覚などで、欧米関係は緊張状態にあったと言える。

しかし、同盟関係の修復を掲げるバイデン政権はドイツとの関係改善を試み、独ショルツ政権も、「ノルドストリーム2」プロジェクトを事実上中止する一方で、液化天然ガス受け入れ港湾施設の建設計画によりアメリカの期待に応えた。その流れにおいて、ロシアのウクライナ侵略が発生した結果、「ロシアの侵略を食い止め、侵略の責任を払わせ、ロシアの国力をウクライナとの外交交渉に向かわせるに十分な水準まで削ぐ」という共通目標が、アメリカとドイツをはじめとする欧州諸国を、これまでになく強く結びつけ、米欧関係のルネサンス期と呼ばれる蜜月の時を迎えている。

ロシアによるウクライナ侵略が始まった直後、ショルツは、「欧州の歴史的な転換点(Zeitenwende)」であることを強調し、ドイツ連邦軍の能力向上のために計1000億ユーロ(約14兆1000億円)の国防基金設置を発表した。これにより、長年にわたって能力不足問題を抱えてきた連邦軍の抜本的改善が期待される。もちろん、短期間で連邦軍を強化できるわけではないが、これまでもドイツにその経済力に見合う安全保障上の責任を果たすように要請してきたアメリカは、ドイツの覚醒を高く評価し、ウクライナに対する貢献不足を批判する声からショルツ政権を擁護している。

2022年10月12日に発表されたアメリカの「国家安全保障戦略」では、中国を唯一の競争相手と位置付ける点は変更されなかったものの、国際秩序に対するロシアの脅威に関する言及も増加した。ロシアの挑戦は、バイデン政権のみならず国防総省や米軍に、欧州の戦略的・地政学的重要性や、アメリカがグローバル・プレイヤーである事実を再認識させる契機となったが、今後も、全般的な能力を備える中国への対処が米戦略の中心であることが表明されたのである。この点、良好な欧米同盟と、その枠組み内での欧州諸国自身による抑止力確保の進展は、アメリカが中国との競合に集中し、インド太平洋に十分な戦力を展開することを可能にする条件ともなろう。

4 欧州社会の一体性維持への挑戦

欧州における「ロシア」に対する評価・認識は悪化し、ロシアをデカップリングする機会が増加している。しかし、ロシアに近接する地政学的な条件や歴史的な経験からロシアとの関係が深く、ロシアに対するシンパシーやロシアの影響力が依然として残っている中・東欧諸国にとって、ロシアからのデカップリングは容易ではない。

ロシアのTV番組内で聞かれた「せっかくロシア人になれるチャンスなのに、なぜウクライナ人はなりたがらないのか」というコメントは、ウクライナ人に対するロシア人の優越意識を示しているが、このロシアの（ウクライナのみならず欧米に対する）精神的・文化的優越意識への共感や、逆に出稼ぎウクライナ人に対する差別意識などからウクライナを見下す傾向が、中・東欧諸国社会内に存在する。また、過去に自国系マイノリティーがウクライナ国内で殺害されたブルガリアなどでは明白な反ウクライナ感情も存在する。

例えば、2022年7月に実施されたスロバキアでの世論調査では、「ウクライナでの戦闘はどのように終わるのが望ましいか」という設問に対し、52・1％の回答者が「ロシアの勝利」と回答し、「ウクライナの勝利」と回答したのは30％であった。このスロバキアでは、現在、連立与党は少数与党となり、最大野党SMERはウクライナ支援の中止を主張している。

また、インフレ率急騰に苛まれるチェコでは、反政府デモ参加者がウクライナ支援ではなくチェコ人の生活を優先する「チェコ・ファースト」を訴えた。この「ウクライナ支援ではなく自国ファースト」は、ウクライナに対する国際支援有志連合の瓦解を画策する昨今の中露認知戦の主たる主張モデルである。認知戦は単なる情報戦とは違い、情報を介して個々の考え方や行動パターンそのものにも影響を与えることを意図しているが、排他的な地方に居住し、エスタブリッシュメントに対する不満を抱きやすい低学歴・低所得層を中心に、ロシアや中国による認知戦の影響を受容しやすい土壌が存在することは否定できない。

さらに、保守的で自国優先主義的な価値観から国内少数派の権利保護を怠り、三権分立など民主主義制度の根幹を骨抜きにし、ブリュッセルから「民主主義国ではない」とまで批判されているハンガリーのオルバーン政権は、関係が悪化するEUに対するヘッジとして親ロ・

親中傾向を強め、外相のモスクワ派遣や一帯一路プロジェクトへの参加、復旦大学誘致を進めている。

そのEUは、特定多数決による意思決定ルールを導入している経済・社会分野と違って、共通外交安全保障政策（CFSP）は全会一致を原則とし（※欧州連合条約第23条）、一国でも反対すれば共通行動が取れない。つまり、ハンガリーのような「トロイの木馬」が一国でもあればEUの行動を阻止できるため、ロシアや中国にとって、欧州の一体性分断は容易である。マクロンやショルツは、CFSPに特定多数決原則を導入する意向を表明しているが、皮肉なことに、特定多数決への変更には全会一致の賛成が必要なため、自国権限を可能な限り手放したくないハンガリーなどが同意する可能性は低い。また、NATOの意思決定も全加盟国のコンセンサス方式である。

冬場に電力やガス、暖房供給が大規模に滞った場合や、ウクライナからの避難民の波が再び殺到した場合、先述の親ロ傾向を帯びた層を中心に、欧州諸国社会は反政府や移民排除・外国人排斥機運で満たされ、現在の親ウクライナ政権が選挙で親ロシア政権に取って代わられる可能性が懸念される。つまり、欧州の一体性が崩壊するとしたら、多様性に富んだ小国がひしめく「欧州内の一番弱い輪」である中・東欧諸国の政権交代から生じる可能性があるため、すでに極右・極左支持が増加傾向にあるこれら諸国における社会分断を目指す認知戦に対する十分な対処なくして、欧州の一体性を維持することは難しい。この点、暖房や電力喪失によって生じる可能性のある避難民をいかにしてウクライナ国内で対処するか、また、中・

東欧諸国社会のエネルギー・物価上昇に対する不満をいかにして解消するのかが鍵となる。

5　だから日本はどうなる？

すべてにおいて欺瞞と汚職に満ちたロシアを支援することは中国の国際評価に悪影響を与えるが、太平洋に向けて影響圏拡大を模索する中国にとって、モスクワに「背中から刺される」ことや米露接近は避けなければならず、ロシアとの安定した関係は地政学上極めて重要である。また、通常兵器に関する「世界第二の軍事大国」イメージが霧散霧消したロシアだが、核保有国・常任理事国としての存在感や、反欧米ナラティブ拡散のための認知戦への利用価値は、まだ、北京にはある。故に、２０２２年9月に中露艦艇が「ボストーク２０２２」演習に参加して日本を周回するなど、今後、中露の全面戦略協力パートナーシップの強化を顕示する機会が増加するだろう。

中国は、これまでの米欧中心の戦後国際秩序の終焉と、中国を中心とする新国際秩序への移行を印象付けるために、「西の没落と東の台頭」という国際認知戦を展開している。しかし、新疆や香港での人権抑圧や、新型コロナ・パンデミックでの横柄な姿勢や戦狼外交により、欧州諸国は中国に対して批判的な姿勢を強めている。例えば、ＥＵは、常任理事国としての責任を果たさない中国に対し、これまでの「パートナー、競合者、同時にシステム・ライバル」という対中認識を「競合者でシステム・ライバル」という見方にシフトさせている。また、NATOも、2022年6月、中国の野心と強圧的な政策がNATO加盟国の安全保障に挑戦し、中露戦略協力パートナーシップの深化がNATOの価値と利益に逆行すると、初めて中国に言及する「新戦略コンセプト」を採択した。しかし、欧州諸国は、欧州防衛やウクライナ支援、避難民対策、そして、ロシアによるエネルギー脅迫に対処して今冬を越す必要がある。それ故に、今後しばらくは、軍事・外交アセットが限られる欧州諸国のインド太平洋への関与は限定的とならざるを得ない。

今や、中露枢軸の認知領域における挑戦はインド太平洋に限定された話ではなく、世界規模での自由主義に対する挑戦となっており、欧州も中露枢軸に対する共闘の最前線となっている。故に、多くの欧州諸国には、インド太平洋に関与するモメンタムを形成・維持してもらいつつ、欧州地域においてできる経済安保対策やサイバー・宇宙領域対処、認知戦対処で協力し、これを進めてもらうことも重要である。この点、インド洋と太平洋を結びつける「自由で開かれたインド太平洋（FOIP）」は、領域横断的に地中海および北大西洋とも連結・強化されるべきであろう。

その上で、日本としては、ロシアの試みを中国が真似しないように、つまり、力による現状変更の試みはいかなる理由であれ絶対に認めないという国際社会の共通認識を形成することと、日本周辺有事の際に欧州諸国から新たな形態の支援を受けられるに足りる支持を「戦争前」から構築しておく必要に迫られている。

コラム2 COLUMN 人は国家なり

ドローンやAIが進展しても，戦争の基本は「兵士」であり続ける。もっとも，徴兵制の維持にはコストがかかり現代戦の複雑な技術に対応するためには不十分との理由から，そして，冷戦後の兵力削減傾向により，大半の欧州諸国は徴兵制を廃止し，徴兵制（選択制を含む）を維持する欧州諸国は，オーストリア，キプロス，デンマーク，エストニア，フィンランド，ギリシャ，スイスのみであった。

しかし，2014年の徴兵制復活・予備役拡充により今回の危機に迅速に対処するウクライナを見て，中・東欧や北欧諸国を中心に徴兵制度復活が検討されている。ラトビアは，11カ月の兵役義務化法案の提出を準備中であるほか，ルーマニアやオランダも検討を開始した。また，ポーランドは，1年間の有給フルタイム訓練を受けた後，職業軍に参加することができる「有給任意一般兵役」制度を導入した。

ニコラス・エバースタットは，課税や徴兵の分母となる人口（人的資本）こそが国力の基本であると説く一方，ロシアの例から，教育や社会保障に影響される人口の質こそが「健全な国力」のために重要だと指摘した。甚大な人的損失で前線維持が厳しくなったプーチンによる「部分動員令」発令後，ロシアの「不健全な国力」の現状が垣間見られている。

翻って，十分な予備役や徴兵制度を持たない日本は，（その賛否議論は別にして）有事に直面してからでは優秀な兵士は育成できないことを認識する必要がある。

第４部　新たな戦争の時代

本書の第１部では，バイデン（アメリカ），プーチン（ロシア），ゼレンスキー（ウクライナ），習近平（中国），金正恩（北朝鮮）などの「野蛮な時代」に登場した指導者たちを紹介し，第２部では，これら指導者たちがどのような形で世界を動かそうとしているのか，その中でも米中日が台湾問題にどう対峙していくのかを論じている。さらに，第３部ではウクライナ紛争により，米欧の西側体制と米中の非民主主義国家群の体制間紛争のフロントーラインに位置する欧州が決して一枚岩ではない状況が詳細に現地の筆者により論じられている。

そして第４部では，ウクライナ紛争での「新しい戦争の形態」とその「戦い方」を論じている。ウクライナの戦争では陸海空の従来の３次元だけではなく，サイバー，宇宙，情報等を加えた新たなオールドメイン（全領域戦）における戦いであり，その戦い方もメタバースやドローン，認知戦といった新たな戦い方が行われている。

さらに，あらゆるものがインターネットにつながるIoTの進化により，サイバー空間（仮想空間）とフィジカル空間（現実空間）が融合された軍事的ドメインで作戦が練られ，戦われてきている。

また，ウクライナ戦争において顕著な戦い方の変化にドローン兵器の活用がある。ウクライナは，今回の戦争で無人航空システム（UAS）や衛星が獲得した情報を軍事作戦や国内外の世論形成のために利用している。それと同時にコストも低く大量投入が可能であるドローンはロシアとの戦力格差を跳ね返して長期持久戦を戦う有効な兵器であることが証明された。

また，ウクライナ戦争における最大の懸念がロシアの核使用の可能性であり，もし核使用がされればまったく戦況は異なってくる。それと同時に，ロシアの同盟国となった中国がその核弾頭数を増やし続け2030年に1,000発になるとされる。そうなれば，米中露の三極体制が現れアメリカの日本に対する拡大抑止にも大きな影響を与えることとなる。

第14章 オールドメイン戦

渡部悦和

ロシアのウラジーミル・プーチン大統領が2月24日に開始したロシア・ウクライナ戦争（以下、露宇戦争）は、9月末の時点で約7ヵ月が経過した。筆者は、露宇戦争を戦争開始以来、毎日研究しているが、その際に「オールドメイン戦（全領域戦、All-Domain Warfare）」の視点で分析している。

本章においては、筆者が提唱するオールドメイン戦について、露宇戦争を実例として具体的に説明したいと思う。

1　オールドメイン戦とは

領域（ドメイン）

領域には「自然に存在する領域（実体領域）」と「人工的な領域」がある。例えば、伝統的な領域である陸・海・空の領域は「自然に存在する領域（実体領域）」である。

図1　数多くの領域（ドメイン）

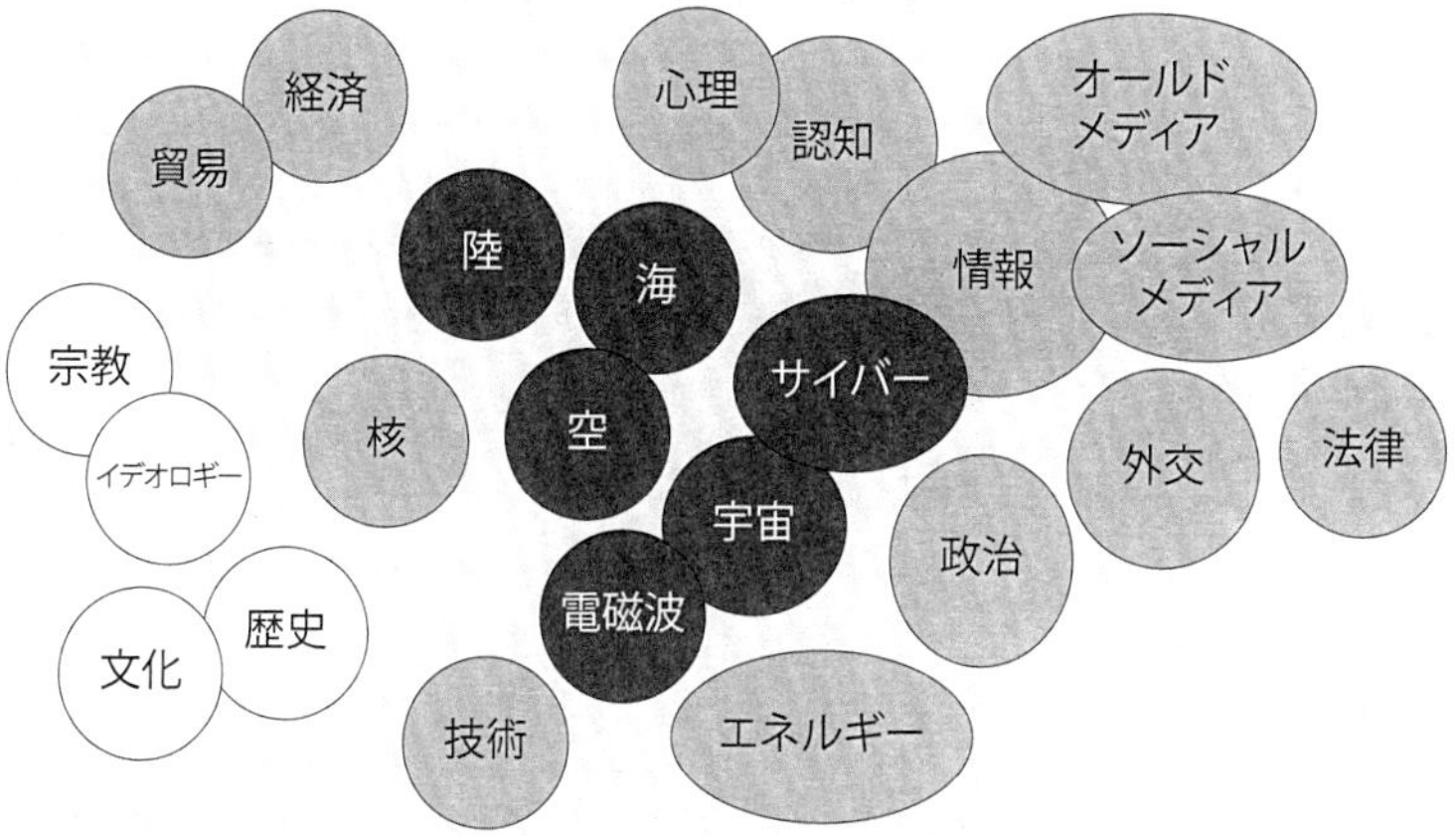

出所：著者作成。

防衛省が新たな領域と表現する宇宙・サイバー・電磁波の領域はどうか。宇宙領域は「自然に存在する領域」である。一方、電磁波領域は「自然にも存在するが人工的にも作られる領域」である。そして、サイバー領域は「人工的な領域」である。

以上列挙した6つ（陸・海・空・宇宙・サイバー・電磁波）の領域は防衛省が重視する領域であり、オールドメイン戦の中核の領域である。しかし、ドメインは6つに限定されるものではなく数多くある（図1参照）。

本章においては、数多くある領域の中で上記6個の領域にプラスして、情報・認知・経済・核・エネルギー領域などに着目している。

ここで核のドメインの重要性を強調したい。ウラジーミル・プーチン大統領は露宇戦争において、しばしば「戦術核の使用」に言及し、ウクライナやNATO諸国を恫喝している。また、ロシア軍はザポリージャ原発を攻撃占領し、原発を盾にして砲撃を行うなどの言語道断の振る舞いをしている。さらに9月19日には、南ウクライナ原子力発電所をミサイルで攻撃した。これらの行為は重大な原子力事故を引き起こす可能性のある国際法違反の行為である。ロシアの各領域における蛮行は、ウクライナの人々のみならず、地球に住む我々に大きな脅威を与えている。

戦い（Warfare）

米国、とくに国防省の軍人等は、「戦争（War）」「戦い（Warfare）」「作戦（Operation）」を明確に区別する傾向がある。「戦争」は、有事における軍事組織を主体とした武力紛争やその他の軍事活動を意味する。「戦い」は、軍事組織のみならず非軍事組織や個人が平時と有事を通じて行う活動のことだ。「作戦」は軍事組織が平時と有事を通じて行う活動だ。例えば、「情報戦」は軍事および非軍事の主体が平時と有事を通じて行う情報に関係する活動である。

各々の領域を舞台とする戦いがあり、各々を陸戦、海戦、空戦、宇宙戦、サイバー戦、電磁波戦、情報戦などと表現される。その他にも、経済戦、貿易戦、外交戦、メディア戦、技術戦、デジタル戦、歴史戦、文化戦、宗教戦など多数の戦いがある。

なぜ、戦争、戦い、作戦を活動する組織の違いと平時・有事の違いで明確に区分するかというと、中国やロシアが平時においてさまざまな活動を行い、設定した目的を達成しようとしているからだ。これらの権威主義国家にとっては、米軍と真面目に戦争をすれば勝利できないことを知っている。そこで彼らが考えたのが、戦争にまでは至らない状況において、米国に勝利しようという発想だ。中国人民解放軍（以下、解放軍）の大佐2人が書いた『超限戦』や2014年にロシア軍が行ったクリミア半島の併合のために使ったロシア参謀総長ワレリー・ゲラシモフの『新たな世代の戦い方』（いわゆる「ハイブリッド戦」）が有名だ。『超限戦』や『新たな世代の戦い方』の基本的な発想は、孫子の兵法と同じ「戦わずして勝つ」である。つまり戦争以外の手段で勝つということだ。

米軍は、中国やロシアの戦い方を観察して、やっと平時の重要性を認識するに至った。

平時と戦時の概念の変化

以前は、平時と戦時は明確に分けられていたが、自衛隊や米軍は、戦時に至らない、いわゆる「平時」の重要性を認識するようになった。

自衛隊は、平時からグレーゾーンの時を経て有事になるという考え方をするようになった。グレーゾーンとは平時でも有事でもないその中間の期間や事態のことだ。

米陸軍はその作戦構想「多数領域作戦（Multi-Domain Operations）」において、期間を競争（Competition）と紛争（Conflict）の2つに分けている。つまり、昔でいうところの平時は文字通りの平和な時ではなく、競争相手国と競争している期間だと解釈したのだ。

米海軍はその作戦構想「統合全領域海軍力（Integrated All-Domain Naval Power）」にお

いて、日々の競争（Day-to Day Competition）から危機（Crisis）を経て紛争（Conflict）になると考えている。

米空軍はその作戦構想「全領域作戦（All-Domain Operations）」において、協力（Cooperation）から競争を経て武力紛争（Armed Conflict）になると考えている。

もう一度強調するが、昔「平時」と思っていた期間は決して平和な時ではなく、情報戦、宇宙戦、サイバー戦、電磁波戦などが普通に行われる競争の期間だということだ。

筆者の造語である「オールドメイン戦」は、米国防省や米軍が最近主張しているオールドメイン作戦からヒントを得ている。米国防省や米軍（とくに空軍）は最近、オールドメイン作戦を提唱しており、その具体化を進めている。

オールドメイン作戦は軍隊が行う軍事作戦であるが、筆者が提案するオールドメイン戦は政府を中心として多くの組織（軍隊も含む）が参加し、平時有事を問わず、あらゆる手段（軍事的手段と非軍事的手段）とあらゆる領域を利用して行う戦いである。

2 ハイブリッド戦ではなくオールドメイン戦

今回の露宇戦争を「ハイブリッド戦ではなかった」とがっかりしたように言う人がいるが、私はそのような言い方は不適切だと思っている。ハイブリッド戦論者は、ワレリー・ゲラシモフ参謀総長の「新たな世代の戦い方」を「ハイブリッド戦」と呼んでいるが、その定義はあいまいだ。

「新たな世代の戦い方」が脚光を浴びるようになったのは、2014年のクリミア併合時におけるウクライナ軍があまりにも貧弱で準備不十分で、ロシア軍が仕掛けた情報戦・サイバー戦・電子戦などにまったく対応できなかったからだ。ロシア軍は、物理的な軍事力行使をほとんど実施せずに、軍事的・政治的目的を達成したから有名になったのだ。

防衛省の令和4年版の防衛白書はハイブリッド戦について、〈「ハイブリッド戦」は、軍事と非軍事の境界を意図的に曖昧にした手法であり、このような手法は、相手方に軍事面にとどまらない複雑な対応を強いることになります。例えば、国籍を隠した不明部隊を用いた作戦、サイバー攻撃による通信・重要インフラの妨害、インターネットやメディアを通じた偽情報の流布などによる影響工作を複合的に用いた手法が、「ハイブリッド戦」に該当すると考えています。〉と記述している。つまり、軍事と非軍事の境界を意図的に曖昧にした手法、サイバー攻撃、影響工作（Influence Operation）には言及しているが、戦争の中核である陸・海・空戦、宇宙戦、電磁波戦、情報戦（影響工作は情報戦の一部にしか過ぎない）などが網羅されていない。ハイブリッド戦では戦争の多様な側面を表現できない。

以上のような理由で、筆者は一貫して露宇戦争を「オールドメイン戦（全領域戦）」の観点で分析すべきだと主張している。

3　露宇戦争において最重要な戦いは陸戦である

露宇戦争を評して、「新しい戦争ではなく、古い戦争だった」という専門家が結構いるが、その評価は不適切だと思う。戦争に古いも新しいもなくて、戦争は戦争なのだ。戦争に勝利するためには、その戦争に必要なあらゆるドメインを使ったオールドメイン戦にならざるを得ない。

今回の露宇戦争においては、空・海・宇宙・サイバー・電磁波・情報・経済のドメインでの戦いも重要であったが、陸のドメインでの陸戦（地上戦）が最も重要で決定的な戦いであると言わざるを得ない。首都キーウの占領を目指した露宇戦争の第一段階ではジャベリンなどの対戦車ミサイルとバイラクタルTB2などの無人機（UAV）が威力を発揮した。ドンバス2州の完全占領を目指した第二段階では、榴弾砲やハイマース（HIMARS）などの長距離火砲が決定的な兵器として威力を発揮している。ウクライナ軍の反攻が始まった第三段階では、戦車等の機甲戦力、ハイマース、戦闘爆撃機、UAVなどの総合戦闘力が重要になっている。つまり、火力や機動力などの従来からの戦闘力が戦争における支配的要素なのだ。例えば、9月6日からはじまったウクライナ軍のハリキウ州における電撃戦は、機甲戦力をはじめとする総合戦闘力があったから成立した作戦である。

露宇戦争において、ロシア軍は情報戦、サイバー戦、電磁波戦なども行っているが、それらは戦争における決定的な戦いではない。それらに対しては、ウクライナ軍が米軍等の協力も得ながら適切に対処しているから、大きな損害を受けていない。

露宇戦争のような本格的な大陸国家間の戦争においては、地上戦において勝利するための総合戦闘力が不可欠であり、米国等の継続的な兵器の供与、情報支援、訓練支援が決定的な要素になるであろう。

4 情報戦

中国やロシアが重視しているのが情報戦だ。民主主義国家の情報戦は、主として軍事作戦に必要な情報活動を意味する。しかし、中国は情報戦を広い概念でとらえていて、解放軍の軍事作戦に寄与する情報活動のみならず、政治戦、影響工作、認知戦、心理戦、大外宣戦など情報に関するすべての活動を含む。

最近、特に重視されているのは情報領域と認知領域での戦いである。認知領域は人間の脳を中心とした認知機能が関係する領域であり、この領域を利用した認知戦は最近、非常に注目されている。

認知領域での戦いは、偽情報（disinformation）やナラティブ（物語）を使って相手の認知機能に影響を与えること、脅し（例えばプーチンの核による脅し）を使って相手の決心・状況判断を変更することを目的とする戦いだ。

図2　情報戦など重複する戦い

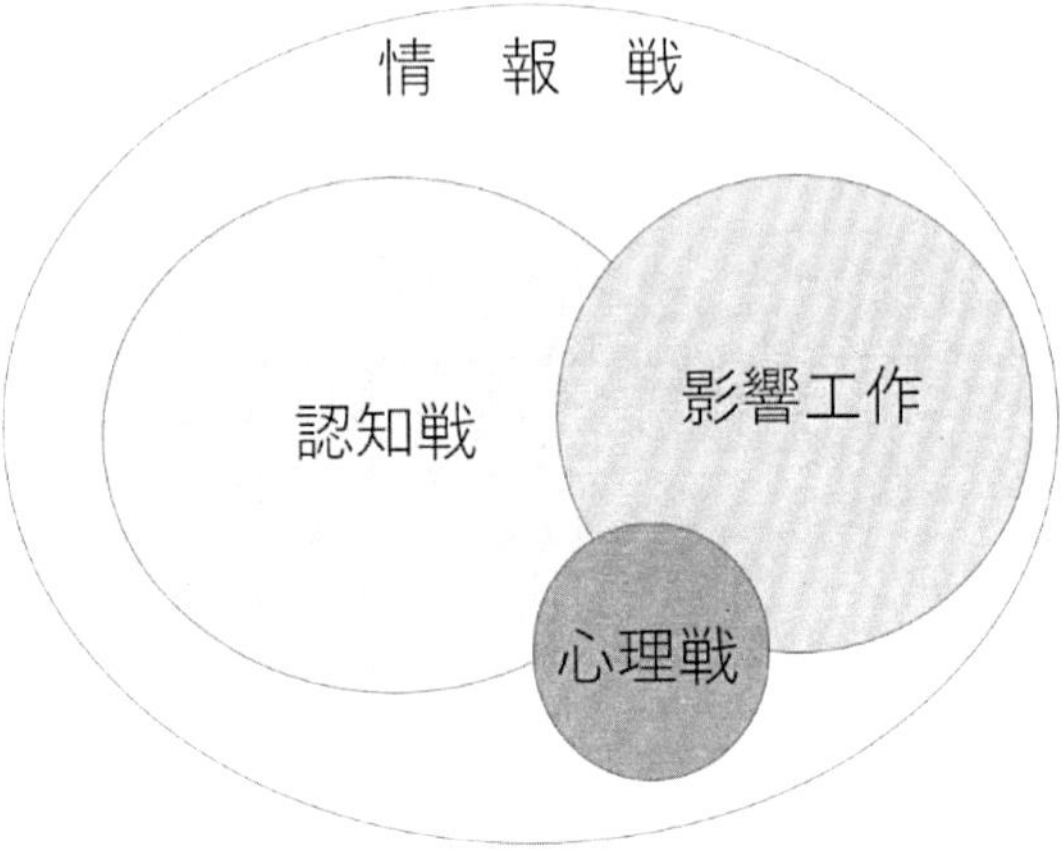

出所：著者作成。

認知戦は、中国の数千年の戦争史を通じて一貫して存在しており、古代の中国では「攻心術」や「心戦」と称されていた。

防衛省は認知領域を第7の領域として位置づけようとしているが、筆者は偽情報や脅しを多用する認知戦、露宇戦争で勝敗に決定的な影響を与えていない認知戦をあまりにも重視することは適切ではないと思っている。

情報領域では、インターネットの普及によりSNSの重要性が増している。SNSを利用した情報戦や認知戦が露宇戦争で多用されている。露宇戦争は、SNSが多用された歴史上初めての戦争と言えるだろう。

情報と認知の領域は別個の領域ではなく、解放軍においては情報領域の中に認知領域が包含されている。情報戦に関するさまざまな戦いは、同じような機能を共有している。例えば、情報戦、影響工作、認知戦、心理戦は互いに重複しながら密接不可分な関係がある（図2参照）。

露宇戦争における情報戦を簡単に紹介する。米国およびウクライナの情報戦は成功し、ロシアの情報戦は失敗している。理由は2つある。まず、ロシアが「虚偽に基づく」情報戦に終始しているのに対して、米国やウクライナは「事実に基づく」情報戦に徹しているからだ。特に米国のジョー・バイデン政権は、「開示による抑止（Deterrence by Disclosure）」戦略により、ロシアの虚偽のプロパガンダに対して、早めに事実を開示して、ロシアの虚偽を打ち消している。例えば、ロシアが「ロシアはウクライナを攻撃しない」「ゼレンスキーは国外に逃げてキーウにはいない」などの虚偽を発信したのに対して、米国とウクライナは迅速にそれを事実に基づき否定した。

また、露宇戦争では、ロシアで開発されたメッセージアプリ「テレグラム」、短時間動画アプリ「ティックトック」、ユーチューブ、ツイッター、フェイスブックなどのSNSが情報戦において大きな威力を発揮している。例えば、ウォロディミル・ゼレンスキー大統領はスマートフォンで「自撮り」して、自ら全世界に迅速かつ効果的にウクライナの立場を発信している。これはまさにSNS時代の情報戦の成功例だ。

これに対してプーチンは、スマートフォンをまったく使わないで、相変わらずオールドメディアで国内向けのプロパガンダを垂れ流している。新たなSNS時代における情報戦でロシアは敗北している。

5 宇宙戦

世界の列強は宇宙を戦場だと認識している。ロシア軍が2021年11月15日に、ASAT（衛星攻撃兵器）を使って、軍事衛星を宇宙空間で破壊する実験を実施した。その結果、追尾できるだけで1500個以上のスペースデブリ（宇宙ゴミ）が発生したとみられ、国際的にも大きな問題となった。11月15日といえば、ロシアがウクライナ侵攻直前に行った大演習の最中であり、それは、いざとなれば米国の衛星を撃ち落とすことができるぞという脅しだ。

イーロン・マスクが経営する航空宇宙メーカー・スペースXは、ウクライナ軍の作戦遂行に不可欠なインフラを提供している。ロシア軍の攻撃によりウクライナ軍のC3I（指揮・統制・通信・情報）能力は重大な損害を受けたが、マスクが提供した大容量で遅延の少ないインターネット「スターリンク」が目覚ましい働きをしている。これを利用することによりウクライナ軍のC3I能力が格段に向上した。

そして、スターリンクとUAVを連携することにより、攻撃目標に関するリアルタイム情報の入手・伝達と火力の発揮を密接に連携できるようになり、戦況を劇的に改善している。スターリンクなくしてウクライナ軍の成功はなかったと言える。これは宇宙戦の成果だと言える。

ロシア軍はスターリンクにサイバー攻撃をかけたが、その防護力は強く、ロシア軍の試みは失敗した。現代戦において衛星コンステレーションによるインターネット網は不可欠な存在になるであろう。

スペースXのみならず、米軍の衛星が入手したロシア軍の配置や動きの情報がウクライナ軍に伝達され、ウクライナ軍の作戦に不可欠な役割を果たしていることも指摘しておきたい。米国の宇宙戦における支援なくしてウクライナ軍の成功はない。

6 サイバー戦

サイバー戦においてウクライナは善戦している。ロシアは2月24日以前からサイバー戦をウクライナに向けて仕掛けていた。特に2月15日にはウクライナの官庁や銀行などが大きな被害を受けた。そして、2月24日にウクライナ軍や警察が使用している通信衛星「KA－SAT」がロシアのサイバー攻撃を受け、大きな被害をもたらしたと言われている。

しかし、その後のウクライナの状況を観察すると、スターリンクの使用などもあり、その被害を克服している。つまり、ウクライナは、2014年にはロシア軍のサイバー戦に完全に敗北したが、その後、米国等の軍民双方からの支援を受けて、ロシアのサイバー攻撃に相当程度対抗できる能力を構築したと思われる。

また、露宇戦争におけるサイバー戦の特徴は、ウクライナにおける軍民一体となったIT軍による対処、そしてウクライナをサイバー戦で支援しようとする国際的な支援の動きだ。

後者はアノニマスによるロシアに対するサイバー攻撃などの形で行われている。これらの対策が相まってウクライナはロシアとのサイバー戦に負けてはいない。

7 電磁波戦

電磁波戦においてもウクライナ軍は善戦している。米国の電磁波戦の専門家ブライアン・クラークは、「ロシア電子戦の盛衰」という優れた論考（1）で、露宇戦争における電磁波戦の状況を以下のように紹介している。

第一段階作戦（キーウ奪取作戦）ではロシア軍の電子戦がうまく機能しなかった。その理由は、①ウクライナ軍はNATOの暗号化された秘匿無線通信システムSINCGARSを使いはじめていた。SINCGARSは、通信妨害や傍受を防ぐ能力が高いシステムだった。②キーウ周辺は比較的人口密度の高い地域で、軍用通信と民間の携帯電話通信が混在しているため、軍用通信機をピンポイントで特定できなかった。

第二段階作戦（東部ドンバスでの作戦）では戦況が固定的になり、前線の部隊の状況が明確になっているため、電子戦兵器で敵の位置が正確に特定できなくても大きな問題はなく、概略の探知場所に砲撃やロケット弾を直接撃ち込むことで成果が出ている。

ロシアの最新の電磁波戦兵器「クラスハー4」は通信妨害能力が強力で、キーウ付近では味方部隊の通信を妨害するので扱いにくかったが、東部戦線では活躍している。ロシア軍は、ドンバス地方で「クラスハー4」を使ってウクライナ軍の無人航空機のレーダーや通信回線を妨害して、ロシアの砲撃基地が特定できないようにしている。

8 経済戦

米国等の民主主義陣営は、戦争勃発から2日後にロシアに対する厳しい経済制裁を発表した。プーチンは9月7日の東方経済フォーラムで、「ロシアは、特別軍事作戦で何も失っていない」と虚勢を張っているが、経済制裁は確実にロシア経済を弱体化している。

ブルムバーグは9月5日、ロシア政府の内部資料を根拠に、「ロシアでは米国や欧州による制裁の影響が広がるなか、より長期かつ深刻なリセッションに見舞われる可能性がある」と報道（2）している。この文書は、プーチンなど当局者が通常示す楽観的な公式発表に比べてはるかに悲観的な内容である。

内部資料では、経済縮小が来年加速し、経済が戦争前の水準に戻るのは2030年以降だとしている。また、最大20万人のIT技術者が2025年までに国外に流出する可能性がある。

今後1〜2年の間に、石油・ガスから金属、化学、木材製品に至るまで、輸出分野で生産量が減少する。

ロシアの欧州へのガスが完全に遮断されれば、年間66億ドルもの税収が失われる可能性がある。失われた売上を新たな輸出市場で完全に補うことは、中期的にも不可能だ。

ＬＮＧプラントに必要な技術の不足は重大で、新たなプラント建設の取り組みを妨げる恐れがある。

輸入分野の短期的リスクは原材料・部品の輸入不足に伴う生産停止だ。長期的には、輸入した装置が修理不能になり成長が恒久的に制限される。一部の極めて重要な輸入品について代替のサプライヤーがまったくいない状況になる。

航空分野では、旅客輸送量の95％が外国製飛行機で占められており、輸入スペアパーツが入手できないため、運行停止になる可能性がある。

医薬品は、国内生産の約８割を輸入原料に依存している。輸送分野では、ＥＵの規制により、陸上輸送のコストが３倍に上昇する。通信とＩＴ分野では、ＳＩＭカードの規制により、２０２５年までにＳＩＭカードが不足し、２０２２年には通信分野が世界のリーダーから５年遅れる可能性がある。

機械製造分野では、ロシア製の工作機械は全体の30％に過ぎず、国内産業ではカバーする能力がない。ロシアの兵器の大部分は、部品や技術を西側諸国に頼っている。２０１４年のロシアのクリミア半島併合に対する経済制裁ですらロシアの軍事産業に大きな影響を与え、西側諸国の部品を必要とする武器の製造を困難にした。例えば、ロシアの最新戦車アルマータ（Ｔ―14）は、西側諸国の部品が入手できずに量産を断念している。２０２２年の経済制裁はさらに厳しい。西側から半導体やベアリングが入手できず、老舗戦車メーカーのウラルヴァゴンヴォード社が部品不足で操業停止をしている。今後、戦車だけではなく半導体を必要とするミサイル、航空機、艦艇などの主要ハイテク兵器の製造が困難な状況になることも予想される。最新鋭の軍事装備品が製造できないロシアはもはや軍事大国とは言えない状況になるであろう。

9 結　言

本章では、オールドメイン戦について、露宇戦争を例として説明してきたが、オールドメイン戦の一端を理解していただけたかと思う。筆者の願いは、２０２２年末に公表予定の「国家安全保障戦略」にオールドメイン戦の考えが盛り込まれることである。

【註】

（1）Bryan Clark, "The Fall and Rise of Russian Electronic Warfare", Hudson Institute,30 July 2022, <https://www.hudson.org/research/18018-the-fall-and-rise-of-russian-electronic-warfare>

（2）"Russia Privately Warns of Deep and Prolonged Economic Damage", Bloomberg,05 September 2022 <https://www.bloomberg.com/news/articles/2022-09-05/russia-risks-bigger-longer-sanctions-hit-internal-report-warns>

第15章　新領域の脅威へのレジリエンス

長島　純

現在、5Gに代表される情報通信技術（ICT）に加えて、人工知能（AI）を中核とした量子コンピューター、ロボット、自動運転、ナノテクノロジーなどの新興・破壊的技術（Emerging and disruptive technologies：EDT）によって、仮想空間と現実世界の融合性と接続性が高まっている。その中で、あらゆるものがインターネットにつながるIoT（Internet of Things）の急速な進化によって、サイバー空間（仮想空間）とフィジカル空間（現実空間）が高度に融合された社会システムの出現が予測される。その流れは、軍事面にも大きな影響を及ぼし、仮想・現実の融合が進む結果として、宇宙・サイバー・電磁波領域（以下、新領域）が、陸海空の既存領域と重ね合う形で、作戦上の重要性を増すことになっている。それは、EDTの進化が仮想・現実両空間の積集合領域を拡張することによって、その重複する新たな領域を起源とするサイバー攻撃、宇宙システムへの妨害や欺瞞、偽情報の拡散などのハイブリッド脅威の存在感を高める結果を招いている。そのハイブリッド脅威は、自らの政治的意図を一方的に実現するために、対象国の社会全体を不安定化させ、脆弱化させることを目的として使用されるが、急速な技術の進歩とグローバルな相互依存の進化によって、攻撃の速度、規模、強度は増大の一途にあると見られる。

その一方で、これらの新領域は、インターネット、GPS、情報通信などの重要機能を提供するための民生インフラ基盤の1つに位置づけられ、国際公共財として、自由なアクセスや利用が国際的に保障されるべき重要空間としての特性も有する。事実、宇宙空間は、現代社会の宇宙システムへの依存度の高まりから、科学技術のフロンティアとして、また経済成長の推進基盤としての期待が高く、サイバー空間でも、2010年以降の急激なインターネットの利用増加やIoTの普及によって、産業の活性化や市民生活の質的向上がもたらされている。このような環境変化の中で、サイバー攻撃、欺瞞、妨害行為、偽情報の流布等の非軍事的攻撃と物理的な軍事攻撃を組み合わせる形で、新領域を攻撃の直接的な標的として、また、第三者への物理的攻撃の踏み台として利用するハイブリッド戦争に対する注目が集まっている。本稿においては、新領域の軍事的側面から、今後の日本の安全保障政策のあるべき姿について考察を行う。

1　戦場としての新領域

2021年12月、オースティン（Lloyd James Austin III）米国防長官は、新たな国防戦略について言及する中で、重大なサイバー攻撃などの非対称脅威が戦端を開く事例を挙げ、新領域から予期し得ない危機事態が発生する可能性を指摘した。さらに、オースティン長官は、新たな国防戦略の核となる「統合抑止（Integrated Deterrence）」に関して、米軍は、戦闘領域を区分することなく、相互融合を強めるすべての空間領域における優位性を獲得することで、敵の非対称な戦い方を抑止する決意を示した。

また、北大西洋条約機構（NATO）も、2016年のワルシャワ首脳会合において、サイバー空間を、陸海空と並ぶ第四の作戦領域として位置づけ、その防衛が集団安全保障の一部と確認すると共に、2019年ロンドン首脳会合では、新たな第五の作戦領域として宇宙を追認しており、宇宙空間やサイバー空間における同盟間の相互運用性を確保する努力を開始している。さらに、サイバー攻撃の手法が進化しつつある中で、匿名性、利便性、即時性という特徴を有するSNS上で繰り返される偽情報も、ハイブリッド脅威の一つと認識されつつある。その背景には、アメリカの大統領選挙やCovid―19の世界的流行の中で、国家によると見られる偽情報の意図的な流布によって、民主主義や自由主義という国としての根幹が損なわれかねないという西側諸国の強い危機感がある。

19世紀、軍事戦略家であるクラウゼヴィッツ（Carl von Clausewitz）は、『戦争論』の中で「戦争とは他の手段をもってする政治の継続である」として、政治的目的を達成する上での軍事的手段の意義を説いた。また、クラウゼヴィッツは、時代の流れの中で、戦いそのものが変わることはないが、戦争において無力化すべき敵の「重心」が遷移すると指摘し、戦争が変容と進化を繰り返す可能性について言及した。確かに、第2次世界大戦以降、核兵器という文明をも破壊しかねない大量破壊兵器の登場もあって、大国間の軍事力による戦争は国家間の問題を解決する手段として回避され、非対称戦が重用されるなど、戦争の形態は、時代の流れの中で、さまざまな変化を見せている。そこには、近現代社会の特徴として、グローバルな相互依存に加え、「犠牲者無き戦争（Post Heroic Warfare）」と言われる軍事的犠牲を許さない非寛容な政治・社会環境の中で、直接的な軍事作戦に踏み切ることとの政治的リスクが強く意識されていることがある。そのために、ハイブリッド脅威によって、対象国の情勢を不安定化し、社会全体を脆弱化させた上で、可能な限り、軍事作戦を、短期的かつ低コストで収束させるという戦い方が合理性を持ち始めるのである。

実際に、既存の国際秩序の変更を企むロシアは、ハイブリッド脅威を巧みに用いて、費用対効果に優れる戦争を繰り返してきた。一例を挙げれば、ロシアは、２００８年のジョージア侵攻の際には、ジョージア国防省などを含む政府機関への大規模なサイバー攻撃などを用いて国内治安を脆弱化し、その混乱の中で戦車や軍用機による軍事侵攻を開始することで、わずか5日という短期間で直接的な戦闘を終結させている。また、２０１４年、核兵器による威嚇を含む、より高度化されたハイブリッド攻撃を展開したクリミア併合でも、ロシア軍は4日間で関連する作戦行動を終えることに成功している。それは、世界に、ハイブリッド戦争への抑止と対処の難しさを印象づけるのみならず、急速な技術の進歩とグローバルな相互依存の進化に伴って、ハイブリッド戦争の速度、規模、強度が増すことへの懸念を高めることになった。

2 ハイブリッド戦争の攻防

今回のウクライナ侵攻においても、ロシアは、軍事手段と非軍事手段を組み合わせたハイブリッド戦争を遂行しようとしていたと見られる。実際、2月24日の軍事侵攻の前後、ウクライナの政府、金融、防衛、航空部門に対して、大規模なＤＤｏＳ（分散型サービス拒否）攻撃や破壊的なマルウェア送付、Ｗｅｂサイト改竄などのサイバー攻撃が行われ、特に、民間衛星通信会社Viasat社のKA-SATブロードバンド衛星に対するサイバー攻撃は、ウクライナ国内の軍民の通信・電力設備に大きな被害を与えている。

しかし、今回、ロシアは、度重なるサイバー攻撃や偽旗作戦と言われる偽情報の流布などを仕掛けたものの、それらのハイブリッド脅威の数々が期待し得る成果を生み出せなかったとする意見が多く見られる。その大きな理由として、まず、ＮＡＴＯおよび各加盟国によるウクライナに対する軍事支援の積み重ねを挙げることができる。これまで、ロシアのクリミア併合以降、二国間ベースながら、ＮＡＴＯ加盟国であるアメリカ、英国、カナダ、さらにはトルコが中心となって、ウクライナに対して各種装備品を供与し、軍人の教育訓練に関する支援などを通じて、ウクライナ軍の能力向上に貢献してきた。また、今回の軍事侵攻に際して、事前に、キーウに所在するＮＡＴＯ連絡事務所を通じて、サイバー防御、指揮通信、商用衛星画像の提供、後方兵站などの総合的な支援が行われ、ロシア軍の攻撃に対するウクライナ軍の防御能力の抗堪性や持続性が確保されていた。さらに、NATOやEUによる、ロシアのハイブリッド戦争へ対抗するための各種施策の継続も功を奏している。2014年のクリミア併合後、欧州においては、戦車や戦闘機などの軍事的手段のみならず、サイバー攻撃や偽情報などの非軍事的手段が実存的な脅威として強く意識されたとされる。その結果、相次いでハイブリッド脅威に関わる独立した中核的研究機関(Center of Excellence：COE)が設立され、NATO、EUとCOE間での連携強化が図られることになった。今回、それらの協力の下に、迅速かつ有効な対ハイブリッド脅威への具体的措置が図られ、同盟、国境の枠を超えたインテリジェンス・コミュニティによる情報面での直接協力が実現している。それは、2014年以来続けられてきた地道な国家レベルの対処努力やグローバルな情報連携によって、ハイブリッド戦争に対する多国間の対処戦略の策定や協力体制の拡充が図られたことで、今回のロシアのハイブリッド脅威による効果の減殺が導かれたとする評価に結びついている。

3 新領域における抑止と対処

一般的に、サイバーセキュリティが国家の安全保障上の重要課題として認識されたのは、2007年、エストニアにおいて、大規模なサイバー攻撃がネットワーク化された国家機能を激しく麻痺させ、仮想空間の攻撃が直接的な被害を及ぼし得る事実が明らかになってからである。そして、アメリカでは、2010年代頃から、サイバー攻撃が激甚化する中で、サイバー空間における攻撃者を消耗させるために機動的に敵のサイバー攻撃に反撃するという積極的サイバー防衛（Active Cyber Defense：ＡＣＤ）の考え方が登場しはじめる。そして、それは、より積極的な防衛策として、サイバー攻撃を実施する拠点に即座に妨害を加え、攻撃を速やかに停止させるという前方防御（Forward Defense）の概念へと広がりを見せている。そこでは、重大なサイバー攻撃に対する抑止が失敗したとしても、懲罰的抑止として、より烈度の高い強力なサイバー攻撃で敵システムに対して反撃を行う、もしくは拒否的抑止として、攻撃者への直接的かつ物理的な打撃を与え得るという、副次的な効果が生み出される。

一方、宇宙空間においても、軍事利用の強化を図る中国やロシアによって、その作戦・戦闘領域化が着実に進んでいる。中国とロシアは、21世紀初めから、物理的な人工衛星破壊実験を強行し、スペースデブリと呼ばれる宇宙のゴミを大量に発生させ、国際社会から、宇宙の国際秩序を力によって変更する試みとして批難を浴びた。それら数万といわれる衛星軌道上のスペースデブリは、宇宙空間の物理的な混雑を加速させ、超高速で地球を周回することにより、他の平和的な人工衛星の脅威に他ならない存在となる。しかし、現時点において、宇宙の安全保障を担保するグローバルな協力・協調の枠組みがなく、宇宙の安全に関する国際的な取り決めや法律の整備が遅れていることは、その問題の解決を阻む大きな要因になっている。

今後も、指揮通信、画像情報、ナビゲーション、早期警戒の面での宇宙システムへの依存が一層進む中で、２０１９年9月にフランスでは宇宙司令部が、同年12月にはアメリカで陸海空軍と並ぶ独立軍として宇宙軍が創設されるなど、宇宙の戦闘領域化への体制整備は着々と進んでいる。ＮＡＴＯも、２０１９年6月の国防相会合において独自の宇宙政策を採択し、同年12月には宇宙を作戦領域として位置付け、ＥＵにおいても、ＮＡＴＯとの連携・協力を加速化する中で、ヨーロッパ独自の自律的な宇宙安全保障戦略を策定する動きが見られている。

では、新領域における軍事的な緊張や競合が一層強まる中で、今後、国家としての総合的かつ具体的な施策として、何を重点とすべきであろうか。ここでは、総論として、多国間のパートナーシップの整備、国家的な一元的対応体制の準備、攻撃の帰属（Attribution）の確認と実証、これらの早期実現を挙げる。

まず、新領域に係る攻撃被害が、一国だけの問題にとどまらないという現実を直視する必要がある。例えば、ロシアによるウクライナ侵攻の際に発生した人工衛星に対するサイバー攻撃は、ウクライナの国内にとどまらず、ドイツをはじめとする他の欧州諸国にもさまざまな影響を及ぼし、予想外の被害を生じさせることになった。また、台湾有事を想定した場合、中国によって、接近阻止／領域拒否（Ａ２／ＡＤ）の実効性を高めるため、駐留米軍が所在する周辺国や関係国にも非物理的な事前攻撃が行われると見られている。そのため、中国を起点とする各種事態においては、日本を含む周辺国もその新領域からの攻撃の影響から逃れることができないことを前提として、被害の共有に基づく、関係国との積極的かつ実効的な協調行動を追求すべきである。そのような協調的行動の具現化は、平時から政治・外交面での牽制行動につながり、国際的な圧力の中に置かれるという閉塞感を、相手側に強要することにも結びつくであろう。アメリカの統合抑止においても、オースティン長官は、その重要な実現要素として、EDTによるイノベーションと共に、パートナーシップの重要性を挙げ、シームレスに統合された戦闘領域における同盟国やパートナー国との緊密な協力の必要性を改めて強調している。そして、同盟、友好国の間で、新領域からの攻撃を武力攻撃と判断し認定する基準（レッドライン）を早期に具体化、明文化し、さらに共有しておくことは、複数国にまたがる新領域攻撃の帰属の特定に際しても、多面的かつ包括的な分析や判断を行う上で欠かせない要件になることは間違いない。

次に、もし攻撃者による新領域攻撃を受けても、それを国家や社会として吸収、緩和し、結果的に無力化することを期待するのであれば、軍民レベルの一元的な抗堪性（レジリエンス）態勢の構築が欠かせない要件となる。そして、その前提として、国家機能が依存を強めるサイバー空間の脆弱性（vulnerability）を掌握し、速やかな被害復旧、原状復帰を実現し得る、大規模災害や不測事態に強い社会を作り上げることが求められる。そのために、早い段階から軍官民が一体となってサイバーセキュリティに関する協力・連携する枠組みを準備し、国家として一元的かつ横断的な対処態勢を早期に確立しておくことは喫緊の課題になるであろう。

最後に、新領域における脅威への対応の困難さは、攻撃者が誰で、何のために攻撃を加えているのかを特定しにくいことにある。目に見えない仮想環境や無重力空間の中で、突然生起した異常事象が事故や自然現象によって発生したのか、それとも悪意のある不法活動の結果なのかと、その現状を確認することさえも、多くの時間と労力が要求される。しかしながら、その原因や行為者を早期に特定して有効な対策の手を打つ、すなわち可及的速やかに攻撃者を多面的に理解し、その意図と能力を掌握することは、展開の早い現代戦において不可欠の条件である。そのために、平時から、宇宙状況監視を通じた宇宙環境の変化の探知（SSA）、サイバー空間における攻撃者の帰属（attribution）の特定、また、電磁戦における戦場の電磁スペクトラム評価・分析などを常続的に実現し得る体制を準備すべきである。そのような先行的で、予防的な対処は、攻撃者が期待する攻撃のダメージを低くすると共に、攻撃者に新たな攻撃の費用対効果の計算を強いることにも寄与し、最終的には拒否的な抑止につながってゆくと見られる。

4　日本の選択

東アジアに目を向ければ、ロシアと包括的戦略パートナーシップを結び、作戦面でも連携を強める中国は、新領域を作戦領域として重視する姿勢を明確に打ち出している。２００７年１月、中国は、宇宙の軍事利用を目的とした対衛星兵器（Anti-Satellite weapons:

ASAT）による人工衛星の破壊実験を強行し、２０１５年には、宇宙、サイバー空間、電磁スペクトラムにおいて、陸海空の作戦を支援するための戦略支援軍（Strategic Support Command）を創設するなど宇宙やサイバー空間における非対称な攻撃能力の構築を進めている。特に、中国は、網電一体戦と呼ばれる、サイバー攻撃によって国家の主要なネットワークを攻撃し、相手が作戦を継続するのに必要な情報へのアクセスを拒否するための、ネットワーク戦と電子戦を併用したハイブリッドな戦い方を重視している。近年、急速な軍備拡大を進める中国が、ハイブリッド戦争をインド太平洋地域で開始する場合、今回のロシアによるウクライナ侵攻の教訓に基づいて、その攻撃の烈度と頻度をより甚大なものとすることは間違いなく、日本としては、ハイブリッド攻撃に対するレジリエンスを一層高め、有事におけるアメリカやパートナー諸国からの継続的な支援を得られるよう多国間の相互協力の枠組みを活性化しておくことが喫緊の課題となる。

すでに、２０１８年12月に策定された防衛計画の大綱において、日本は、陸・海・空という従来の領域における伝統的な戦力とこれらの新領域の能力を有機的に結合させ、敵の攻撃を阻止・排除するという領域横断作戦への取組みに着手している。そこでは、非核保有国としての日本が、新領域の作戦における優位性を確保することを通じて、戦力の増大と近代化を図る周辺国との不均衡を是正し、武力攻撃事態においては、新領域作戦の相乗効果をもって、その脅威を排除することが期待されている。日本とアメリカは、東アジアの安全保障環境に係る認識を共有しつつ、２０１１年には、宇宙やサイバー空間における日本との協力を共通の戦略目標として定めた。そして、2019年、日米両国は、新領域を含む領域横断作戦における協力の重要性を確認すると共に、サイバー攻撃が日米安全保障条約第5条にいう武力攻撃に該当することを明らかにするなど、統合抑止および領域横断作戦における日米協力の礎石を着実に築きつつある。さらに、2021年3月3日、バイデン米政権が公表した国家安全保障戦略に関する暫定指針において、アメリカは、同盟国等と協調、連携することでさまざまな安全保障上の課題を解決する姿勢を示し、その後、同月16日に行われた日米安全保障協議委員会（2+2）でも、すべての領域を横断する防衛協力の深化を再確認するなど、今後とも、新領域での作戦に関する日米間のパートナーシップはより強化の方向に向かうであろう。そして、アメリカが、統合抑止戦略において、同一ネットワークに加入する戦力の柔軟運用を通じて、戦力の分散と集中を想定しているのであれば、自衛隊の装備体系も同盟間、多国間協力を前提として、相互補完・代替的な装備品を軸とする国際共同研究開発や取得改革を進展させなければならない。

ここで課題となるのが、日本における同盟国およびパートナー国との相互運用性と相互補完性の問題である。特に、日米共同および多国間協力を円滑に実現するためには、平時から関連装備品の相互運用性が維持されている状態が望ましいが、日米間の国益、国力が異なることから、地域として必要な防衛装備体系を日米双方が重複して整備し、保有することが合理的とは言えない。そこには、新領域作戦における相互運用性の確保を図りつつも、能力や地域による役割分担や機能の代替による相互補完の態勢を準備し、重複性を排除する視点が求められよう。それは、安全保障上のパートナーシップの基礎となる相互運用性について、複数の異なる他国間のアセットを連結させ、全体として一体的に機能させるという考え方の他に、同一ネットワークへの同時接続を実現するための「接続性」、置き換えにより代替機能を構築させるという「互換性」を発展させる選択肢もあり得ることを意味する。

そして、そのような多角的な防衛態勢を地域全域において実効的なものとするには、多国間にまたがる共通のコミュニケーションの基盤整備が不可欠であり、日本として、より積極的に、戦略的なメッセージを対外発信し続けることが求められる。将来的に、2022年末に予定される安全保障関連の三文書（国家安全保障戦略、防衛大綱、中期防衛力整備計画）の改訂に続いて、各種個別の戦略体系が構築されるのであれば、当然、今後の安全保障の核となる新領域に係る戦略も整備されることになるであろう。そして、いわゆる新領域に係る抑止と防衛の戦略文書が、日本のグローバルなコミュニケーションの道具として、同盟・パートナー国との関係強化と相互運用性の確保に、一層重要な役割を果たすことが期待されるところである。

第16章 新たな米軍の戦い方
―バイデンの戦争

川上高司

1 ウクライナ戦争のバランス・シート

ウクライナ戦争にみられる現在の大国間競争は、マイケル・ベックリーの説明を使えば、「排除のための秩序」であり、地政学的な対立を抑制するものではなく、戦争をせずに敵を封じ込める「費用対効果」のやり方といえよう。

今回のウクライナ戦争をアメリカのバランス・シートから評価したい。まず、アメリカにとってのプラスの面である。

バイデン政権はウクライナ戦争を、中露を中心とした「権威主義体制」と欧米を中心とした「民主主義体制」の「体制間紛争」を戦略目標とし位置づけている。その目標に従い、ロシアの力を減じることで「権威主義体制」を弱体化させているわけであり、バイデン政権はロシアという新たに現れた「共通の敵」に対して再結束させるリーダーとしての指導力を取り戻した。

さらに、西側同盟諸国は、ロシア経済からのデカップリングを行い、リベラルな経済秩序が提供する恩恵からロシアを遮断した。ウクライナ戦争が起こる前までは、アメリカ、EU、日本、その他西側同盟諸国は、国際的な非自由主義の潮流を食い止めることが不可能だと思われていた。しかしながら、ロシアのウクライナ侵攻は国際法違反であり、そのルールを破った国家は罰則を与えられるという「アメリカの作り上げた国際秩序」を再建するための絶好の機会となった。

また、アメリカは、プーチン政権を弱体化するためにウクライナに大量の武器供給を行い、さらにロシアを脅威とするNATO諸国や周辺諸国にも武器の供給を行っている。その結果として、アメリカの武器産業には多大な恩恵をもたらしている。以上がアメリカがウクライナ戦争により享受しているプラスの面である。

一方、バイデン政権が行っているウクライナ戦争のもたらすマイナスの影響も大きい。この戦争は地政学のみならず地形学でもターニングポイントを迎えている。西側諸国のロシアへの足並みを揃えた経済制裁は複雑系相互依存の深化した世界では、前例のない混乱を引き起こしている。

西側同盟諸国は、ロシアのウクライナ侵攻から1ヵ月未満で、ロシアの主要銀行を金融システムから締め出し、ロシアの中央銀行の海外資産の大部分を凍結した。また、ハイテク関連部品の輸出を停止し、指導者やオリガルヒの海外資産を差し押さえ、対ロ貿易を破棄し、ロシアからのエネルギー輸入を制限した。ロシア経済への投資も禁止した。しかしながら、ロシアという世界第11位の経済大国を世界経済システムからデカップリングすることは、バックラッシュ（揺り戻し）を世界中にもたらすこととなっている。

ロシアの国際銀行間通信協会（SWIFT）へのアクセス遮断や中央銀行資産凍結などの発表後、原油、原燃ガス、金、銅などの価格が急騰した。特に、ウクライナは世界でも有数の小麦輸出国であったため世界中の小麦が逼迫し価格が急騰した。また、エネルギーと原材料の価格ショックが世界のインフレ率を押し上げ、アフリカ、アジアでは厳しい状況に直面している。このままでは、世界経済恐慌が起こる可能性も否定できない。

2　アメリカはロシアのウクライナ侵攻を抑止できなかった

バイデン政権はウクライナという国を使い、ロシアに対する代理戦争を「新たな戦略」を用いて行っている。すなわち、軍事的介入はせずロシアに対して経済、金融、サイバー、認知領域などのオールドメイン（全領域）をもちいた統合抑止戦略の一環として戦っているのである。その目的は、ロシアのプーチン政権の弱体化であり、体制間紛争に勝利を収めることにある。

そのことは、2019年に米陸軍省参謀本部から委託をうけたRAND研究所が「拡大するロシア～有利な条件での競争」として発表した報告書に記されている。そこでは、「アメリカが優位に立つ領域や地域でロシアが競争するように仕向け、ロシアを軍事的・経済的に過剰に拡張させるか、あるいはロシアの国内外での威信や影響力を失わせる」と論じている。

統合抑止戦略では、第一段階でロシアのウクライナ攻撃に対してアメリカは「経済・金融制裁」や「情報優位」などの軍事とは違うドメイン（領域）を用いての抑止を試みる。結果的にはロシアのウクライナへの軍事侵攻を抑止できなかったのを見極めて、その他のドメインを使い、プーチン政権の弱体化を行っている。

統合抑止戦略は、２０２１年12月にバイデン政権の「国家防衛戦略（ＮＤＳ）」に盛り込まれた概念で、ロイド・オースティン米国防長官は統合抑止を、「米軍が政府の他の部門や同盟国、パートナーと緊密に協力し、侵略の愚かさと代償を明確にするために、領域や紛争の範囲を超えて努力を統合すること」と定義している。

さらに、カー国防次官は統合抑止戦略は、「脅威に対して同盟国や友好国を統合する点にある」と述べ、アメリカは同盟国・友好国とともに脅威国に対して経済制裁や外交圧力も含めた抑止力をかけることを述べている。

その背景には脅威が相対的に高まった中国に対する抑止を最重要と位置づけ、アメリカの軍事力のみだけでなく経済や情報等のドメインでの抑止力を考慮にいれた統合抑止力が基礎になると強調している。

3 アメリカのウクライナ戦争の狙いはプーチン政権の弱体化

一方、統合抑止戦略を別の観点から分析するならば、アメリカはロシアのウクライナ侵攻が「どれだけ対価を払わねばならないか」ということを学習させるため、あえて軍事的抑止を用いなかったと考えられる。

バイデン政権の狙いはプーチン政権の弱体化にあり、統合的抑止戦略は、抑止が失敗した場合を考慮し、アメリカや同盟国にとり好ましい戦略環境を形成するためのものと考えられよう。

アメリカからのロシア軍の展開状況に関する積極的な情報開示は、侵攻の抑止にはつながらなかった。しかしながら、米軍の統合抑止を包括的に評価すれば、侵攻以前のロシアの情報戦、ハイブリッド戦への対処には成功した。その意味で統合抑止戦略は、たとえ軍事的抑止が破綻した場合でも、適切な情報空間・安全保障環境を形成することにより敵国にCost-posing（高くつく）かということを知らしめ、実際に敵国のパワーを減じることにあると言えよう。

バイデン政権はウクライナ戦争において「寡戦（かせん）」の戦略（初戦では負け、敵の大将をとる）をウクライナに採らせたのかもしれない。この戦略は、寡兵戦闘が避けられない場合の『孫子』の戦法であり、情報格差を利用し、敵を十に分散させ、一対一で戦える状況を作り、各個撃破を手段とする。この戦法は相手より先に情報を得ていることが前提であり、かつ相手には自軍の情報がなく、相手をコントロールできる状況で有効なものである。つまり、「寡戦」から「対戦」（敵軍と同等兵数）や「衆戦」（自軍の兵数が多い）にする状況を作り出すことが『孫子』の戦法では重要とされる。

ウクライナ戦争ではまず、アメリカは第一段階で、ロシアのウクライナ侵攻以前に、ロシアに対して統合戦略に基づく「警告」（もし、侵攻すれば耐えられないほどの報復措置をロシアに与える）を行い、もしウクライナ侵攻をすればその結果として起こる戦争が「Cost-Imposed」（高いものになる）になることを知らしめた。第二段階で、ロシアが侵攻した後には、統合抑止のうち、あらゆるドメインを使い、ロシアの政治システムを弱体化させた。つまり、第一段階で警告したことは実際、「Cost-Imposed（高くなった）」ということを実感させたことになろう。そういう分析を行えば、アメリカはロシアに戦略で勝利をしたと評価できよう。同時に、これは中国に対する警告ともなる。

そういった観点から、バイデン政権はウクライナ戦争で「コスト強要戦略（CIS: Cost-Imposing strategy）」を行ったと考えられる。

CISに関して、CSBAのトマス・マケイン（Thomas Mahnken）は、「限定された政治目標を達成するために平時に追求する一連の戦略」と定義している。

すなわち、CISは軍事力を抑止するために使用されるものであり、具体的には、「彼の国」（ロシア）が「我」（アメリカ）にとり破壊的で脅威となる行動をとることは、「彼の国」にとりコストが大きく、かつ、非効率的非生産的であることを認識させ、結果として「彼の国」がそのような行動を採用しないよう説得（dissuade）または、阻止（deter）することである。

4　アメリカは戦略的ジレンマを解消できるのか？

バイデン政権の大きな課題は、「トレードオフ」から生じる戦略的ジレンマを解消できるのかということにある。つまり、ロシアとの緊張が高まったために米軍を再びヨーロッパへシフトせざるを得ない状況に迫られている中で、中国のみの1つの正面に米軍を集中させてよいのかという問題である。

もし米兵力がヨーロッパへ再び戻された場合、インド太平洋では力の真空が生じる。アメリカの国防予算はインフレもあり減少の一途である。冷戦期にはGDP比6％以上あった国防予算は、今やGDP比3％未満で、この減少傾向は将来も継続すると予想される。脅威規模が大きくなっているのにもかかわらず、国防投資の額は相対的に減少している。

中露はアメリカの作り上げた国際秩序に挑戦している。中国のGDPは2030年頃にはアメリカを越えるとされ、それにロシアを加えればその経済的・軍事的規模はさらに大きくなる。アメリカは一国で中露と闘うだけのリソースがなく、同盟国のリソースも併せねば対抗できない。米国は同盟国の軍事支出の増大で「オール西側連合」を結成し、中露にのぞまねばならなくなっている。

歴史的には、ナポレオン戦争以来、第一次世界大戦時のドイツ、第二次世界大戦時の枢軸国、そして冷戦期のソ連と、覇権を目指そうとする国は、いずれも、「同盟」（コアリション）に敗れている。歴史的教訓から「同盟」の構築が重要だといえよう。だが一方の相互依存関係の深化のため、ロシアに対する経済制裁の負の影響が西側同盟にもではじめ、同盟のほころびが見えはじめている。問題はいかにその結束を持続的に継続することができるかにかかっている。

5　核の「三極体制」下で日本への拡大抑止は失われる？

米軍のリソースが制約される中、「通常戦力」の不足をバイデン政権は核戦力で補おうとしている。つまり、その通常戦力の優位性を保つため、核戦力で補うことが必要となり、それを統合抑止戦略の隠れた戦略としているのである。

アメリカ国防総省の中国の軍事力に関する年次報告書（2021年版）によれば、中国の核弾頭保有数は2020年時点の保有数の200発から5倍に増え、2030年までに1000発に到達すると見積もられている。

中国はICBM用のサイロを300ヵ所、2021年夏に建設した。中国のICBMのDF－41は最大10発の核弾頭搭載可能であり、もし中国がサイロ300ヵ所すべてにDF－41を配備すれば核弾頭は3000発となる。現在、米露は新STARTに基づき、戦略核弾頭の実践配備数は1550発に制限されている。中国は新START交渉にはいっていないので、核弾頭数の上限に限りなく生産可能である。習近平国家主席は、今後数十年で中国を主要な軍事大国にすると述べていることから考えると、中国はアメリカとのMAD（相互確証破壊）状態までに核弾頭数を増やすことも考えられる。

そうなれば核のドメインにおいて、核の米露の二極体制から、米露中という核の三極体制に移行する。米露の二極体制ではMADがなりたっていたが、三極体制では各国がそれぞれの国に対して同時にパリティ（均衡）を追求可能となる。そして、米中露のうち2つの国が協調すれば、残りの1国が一方的に不利な状態に置かれる。三極体制の下では軍拡競争がはじまり、抑止上のリスクが高まり、中露が協調することは明らかで、アメリカの不利な状況が生まれつつある。

そうなれば、アメリカは核保有同盟国のフランス、イギリスとの「核」における集団保障体制に踏み込まねばならない。もしくは、日本も含めた韓国、オーストラリアに核シェアをさせ米露に対する核バランスをとらねばならなくなるかもしれない。

もう1つの懸念事項は、中国が核の軍拡に向かえば中国を脅威とするインドが核軍拡を行う可能性がある。そして、インドが核軍拡に向かえば、インドを脅威とするパキスタンが核軍拡に向かう。すなわち、中国の核増強は周辺国の戦略的不安定を引き起こすことになる。中国の核の軍拡は、核兵器保有国の増加の引き金となりかねない。

6 「核の拡散」は戦略的安定をもたらすのか

ロシアがもし核のドメインまで踏み込み、戦闘を開始した場合、核の領域の闘いに踏み込むことになる。

プーチン大統領は2022年4月27日の演説で、第三国がロシアに戦略的脅威を与えようとした場合は「ロシアは他国にない兵器を保有している。必要なら使う」と述べ、核兵器の使用にたびたび触れるようになってきた。ロシアのドクトリンでは「ロシア連邦の国家安全保障にとって危機的な状況下での通常兵器を用いた大規模な侵略への対応として、核兵器を使用する権利を保持する」とあり、ウクライナ戦争が欧米の介入（軍事支援、経済制裁等）で（自国ウクライナへの）大規模な侵略と判断した場合には核兵器を使用するとある。

もし、ロシアがウクライナ国内で戦術核など比較的低レベルの核を使用した場合には、NATO加盟国ではないウクライナに対する集団的自衛権発動の一環としての核の報復はどうするのであろうか。

その場合、アメリカの核の「拡大抑止」強化をすべく「核シェア」が必要となろう。そのことは核兵器の拡散につながり、世界を不安定化するというスコット・セーガンに代表される論議につながる。核保有国がロシアや北朝鮮のように一個人の判断で使用される場合、理性的な判断ができかねない。また、民主主義国であっても文民統制が貫徹されればよいが、軍事組織に対するチェックアンドバランスの機能が失われた場合は危険である。したがって、核による戦略的安定を確保し、核拡散は抑えるべきだという論議である。

一方、これに対してケネス・ウォルツは核こそが戦争を回避させる究極的手段であり、核保有国の拡散は戦略的安定をもたらすと論じる。ウォルツの言うように、もしウクライナが先にNATOに加盟し「核シェア」を供与されていた場合は、ロシアの軍事侵攻を抑止していたのかもしれない。北朝鮮の核保有に対しては、韓国や日本が核保有した方が地域的安定に寄与するし、通常兵器の軍拡競争は抑えられると論じる。

7 中国のミサイルにどう対抗するのか

アメリカ戦略予算評価センター（CSBA）のアンドリュー・クレピノビッチは『フォーリン・アフェアーズ』誌で、米中の核における相互脆弱性が拡大抑止にどのような影響を与えるかという問題を論じている。

もしアメリカが中国との間で相互脆弱性を認めれば、1950年代にソ連が核を増強し、アメリカに戦略的脆弱性が生じた時と同様な状況となる。その状況に際して、アメリカの抑止力が脆弱となったためフランスは独自核武装を行った。これと同じ状況が生じるとするならば、アメリカの拡大抑止に依存している日本にとって真剣に考えねばならない問題である。

ウクライナ戦争の結果、中露がますます接近している状況で、核の戦域でコアリッション

（同盟関係）を組めば、アメリカの日本に対する拡大抑止は破綻する。アメリカの拡大抑止が消滅した状態になれば、スタビリティ・インスタビリティ・パラドックス（安定不安定逆説）の事態が生じ、中国ならびにロシアからも通常兵力による日本に対する挑戦が増える。

特に中距離弾道ミサイルにおけるアジア正面での差は著しく、中距離弾道ミサイルでみれば「アメリカ0」対「中国1250」となる。イギリスの国際戦略研究所（IISS）によると、中国の20年のIRBMの発射装備は11年比で8倍の82機。MRBMは2割以上増えている。

さらに、中国は地対艦弾道ミサイルをはじめとする多種多様な地対艦ミサイルシステムによりA2AD（接近阻止領域拒否）を強固にしている。特に、空母キラーと言われるDF－21DとDF－26Bを保有し、米空母を無力化する。これにより米艦隊を攻撃の中心に据える戦略は中国軍に対して用いることが困難になった。

この状況を、インド太平洋軍デービットソン司令官は、「中国は21世紀の安全保障にとって最大の長期的な戦略的脅威であるが、この地域でのアメリカの通常抑止力は低下している」とし、「今後6年以内に中国が台湾を侵攻する可能性がある」と米上院軍事委員会ですでに2021年3月に警告を発している。

8　第一列島線の防衛では日本が中核的役割をする

米中間の中距離弾道のミサイルギャップに対して、アメリカは「太平洋抑止イニシアチブ

（ＰＤＩ）」（Pacific Deterrence Initiative）で対処する。

２０２１年のＮＤＡＡ（国防授権法）でインド太平洋地域における米軍の通常抑止の再構築を目指したＰＤＩに22億ドルの予算がつけられ、ようやくアメリカは、中距離弾道ミサイルの展開をインド太平洋地域で展開可能となった。国防授権法では、インド太平洋地域での米軍の能力向上を目的とし、地域の抑止・防衛態勢の強化とともに同盟国やパートナー国への安心供与がその目的として掲げられている。

中国は、米軍を第一列島線から第二列島線まで後退させることを狙っている。もしそれが実現すれば、アメリカは中国の沿岸への作戦ベースを失い、戦略的縦深がなくなる。その結果、日本や台湾が「フィンランド化」されれば、グローバルな軍事バランスは一気に中国に傾く。

そういった事態を防ぐため、日米を中心とした西側同盟国がいかに第一列島線～第二列島線を防衛するかが問われる。第一列島線の大部分を構成する日本・台湾・フィリピン・韓国とともに、西太平洋戦域内の軍事バランスの優勢を図る必要がある。その文脈で、陸上自衛隊の南西諸島全域に沿った対艦ミサイルの配備にあわせた日米での相互支援可能な防御構築が必要となる。第一列島線であれば日米その他の友好国がどのエリアに責任を持つのか、どのように相互支援をするのか。そこからの作戦支援能力の強化や、精密打撃ネットワークを備えた統合軍部隊の展開が必要となる。さらには、中国が第一列島線を超えて、第二列島線沿いに基地を作るのをどう防ぐのか、第二列島線上における統合防空ミサイル防衛、分散的な戦力態勢といった戦略と態勢の構築が必要となる。

ＩＮＦ条約撤廃後、アメリカは短・中距離弾道ミサイルならびに極超音速兵器の開発も加速させているが、同時にその中距離ミサイルを東アジアのどこに配備するかが検討されている。

地上発射型のミサイル配備は距離的制約を考えた場合、韓国、日本、台湾、フィリピン、ベトナム、ラオスなどが展開する候補となる。その中で、外交的（アメリカの要請を受け入れる義務はない）、内政的（反米勢力が強い国に弾道ミサイルなど設置できない）、軍事的（展開した米軍部隊が大きな脅威にさらされてはならない）理由を考慮すると、日本領内に米軍ミサイル部隊を展開させることが最も効果的である。

アメリカが東アジア・西太平洋への（地上発射式）長射程ミサイルを配備するとすれば、日本国内のみならず地域の反応が懸念される。中国は、米軍のミサイル増強に対し、自国のミサイル増強に走るであろうし、ロシアもしかりである。米中ロ間にミサイル軍拡競争が起こることが考えられる。一方、米軍が中距離弾道ミサイルおよび長射程巡行ミサイル等の配備をせねば、日本を含む近隣諸国を圧倒する現状が続く。日米は第二次世界大戦後最大のジレンマに直面している。

9　台湾アナロジー（類似性）と日本の安全保障

現在、世界中の目はウクライナ後の台湾に注目が集まる。中国の台湾侵攻は今や、「起こるかどうか」ではなく、「いつ起こるか」という状況まで緊迫している。

もし、台湾有事となった場合、アメリカはどう中国と戦うのであろうか。バイデン大統領はロシアの軍事侵攻に先立つ2021年12月、「ウクライナには派兵しない」と明言。その後もロシアのウクライナ侵攻まで繰り返し軍事的関与はしないと述べた。その理由として、ウクライナは安全保障条約に基づく同盟国ではないこと、ロシアは核保有国であることを挙げている。

ウクライナを（同じく同盟国ではない）台湾に、ロシアを（同じく核保有国である）中国に置き換えれば、「台湾有事でもアメリカは台湾に派兵しない」という論理が成立する。これをアメリカの「ウクライナ型戦争」と呼べば、日本はウクライナへ武器等供与をしているポーランドとなろう。

そういった「台湾アナロジー」に対して、日本は備えがまったくできていない。その時、日本国土は、台湾戦争を支援するために事前集積基地としての機能を果たすこととなり、アメリカおよび世界中から台湾を支援するための武器と食料等が日本の在日米軍基地を中心に集積されることとなろう。

さらに、台湾への食料や武器弾薬などの後方支援物資は日本から海と空により運ばれることになろうが、途中、中国軍からの妨害や攻撃などが想定される。自衛隊がそれを担当した場合、戦闘に巻き込まれる可能性は高い。問題はその時、アメリカはどこまで展開をし、日本はどこまでやるのか。その能力はアメリカに完全に依存するのか、それとも日本が自らそうした運用が可能な態勢を持つのか等、早急に論じねばならないことが山積する。

仮に、台湾や尖閣諸島をめぐり中国と有事が起こった場合、沖縄を含む南西正面の航空基地の多くは緒戦で相当の攻撃を受けることが想定される。その際の台湾からの法人救出は最重要課題となろう。また、日本国内の基地の抗堪性を高めるのはもちろんのこと、日本国内の民間防衛を真剣に考えねばならない。

第17章　アメリカの核戦略の動向

中川義章

はじめに

アメリカの国家戦略文書は、新政権が発足すると改定作業が行われ、逐次発表されるという政治的慣行（文化）がある。今回バイデン政権は、２０２２年3月28日に、国防総省がアメリカ議会に対して、秘密指定の国家防衛戦略（ＮＤＳ）、核態勢見直し（ＮＰＲ）とミサイル防衛見直し（ＭＤＲ）を提出したことを発表した。次いで10月27日に公表バージョンが発表された。ウクライナ戦争が継続し、中国の海洋進出等によるアメリカへの挑戦が続くなか、変化するアメリカの核戦略を読み解くことになった。

1　「核のない世界」――バイデン副大統領時代

オバマ大統領の見果てぬ夢として、「核軍縮を実現した偉大な大統領として歴史に残りたい」というものがあったとされる。その時の副大統領が、現在のバイデン大統領であることは、多くの軍備管理・軍縮専門家・関係者が、バイデン政権発足と同時に好機が訪れたと認識して、トランプ大統領時代にまさにドブに捨てられた形になった軍備管理・軍縮問題を、「正常な道筋」に戻すために活動を強化した。その大きなテーマが、「先制不使用」「唯一目的」と「核兵器の役割の削減」の3点セットであった。この動きに対して、同盟諸国（日本を含む）の反発は激しいものがあった。この3つの概念は、同盟諸国に対する「拡大核抑止」の効果を減ずるものであるからである。すなわち、「核の傘が無くならないまでも、破れ傘になりかねない。」のである。戦略核兵器の軍縮は、国家間戦争の抑止を危うくする可能性を含むのである。

2　「先制不使用」「唯一目的」「核兵器の役割の削減」とは

3点セットの簡単な説明は、以下のようなものである。

まず、この3点セットの目的は、「核兵器を世界的に廃棄できる条件を作るために重要な取り組み」とされている。すなわち、「核の無い世界」の入口である。

「先制不使用」とは、文字通りの解釈で、核兵器以外の手段で武力攻撃を行う敵対国に対して、先に核兵器を使用することはないが、敵対国の核兵器の使用に対して報復のため使用することを留保していることを意味する。本質的に、核保有国の政策であり、検証も強制もできない。核保有国の置かれた安全保障環境に大きく依存する状況依存型政策である。

「唯一目的」とは、敵対国による核攻撃の抑止が核兵器の唯一の目的であることを意味する。「先制不使用」と同じく、検証も強制もできないものである。また、抑止が破綻した場合の、核兵器使用のガイドラインにもならず「政治的言葉の遊び」の極致とも言える。

「核兵器の役割の削減」とは、「唯一目的」ではないが、核兵器使用の目的を限定するものである。「先制不使用」や「唯一目的」と比較すると、核不拡散と軍備管理・軍縮問題に対する交渉相手国を絞った政治的取り組みを明らかにするものである。

一般的な見解になるが、通常兵器にはない強大な破壊力と殺傷力を有する核兵器には、持っているだけで、敵対国に対して一定の抑止力を持つものである。この抑止力を「実存的抑止力」ということがある。実存的抑止力の存在を重視する立場からすると、運用形態を宣言することによる変化は大きくはなく、「政治的言葉の遊び」に左右されるほど各国はお人よし（ナイーブ）ではないので、問題にすることはないということになる。一方で、軍備管理・軍縮の専門家の主張する政策の有効性に疑問を突き付けるものとなる。

アメリカ国内で、2021年に行われたNPRに関する議論は、その意味では、専門家内の党派的活動の表れであり、アメリカ国内の政治的分断の影響が、核政策や核戦略ひいては国防戦略に影響する可能性を示している。アメリカは、大統領制度や民主主義の伝統があり、政策が振り子のように動くことは、政策の機動性と適時性の確保という面からも有効であるが、極端に振れることは少なくとも政策の継続性・一貫性を欠き、最悪の場合、安全保障環境の不安定化を招きかねないことが重要な問題と言える。

国防戦略（2022 National Defense Strategy）の概要は、以下の通りである。

➢守るべきまた増進すべきアメリカの国益は、常識的で変化はない。アメリカ国民の保護、アメリカの繁栄の増大、デモクラシーの価値観の実現と防衛であるとしている。

➢主敵はインド・太平洋地域における中国（ＰＲＣ）、次いで欧州地域におけるロシアとしている。

➢目的達成のための３つの主要な手段として、総合的抑止（Integrated deterrence）、実行動（Campaigning）と恒久的優位の造成（Building enduring advantages）を挙げている。

注目すべき点は、以下のとおりである。

＊国防戦略（ＮＤＳ）のなかに、核態勢見直し（ＮＰＲ）とミサイル防衛見直し（ＭＤＲ）を合体して総合検討して、戦略と資源のリンケージを確保したとしている。

リベラルな民主党左派に受けの良い軍備管理・軍縮派の主張とまったく見解を異にする共和党トランプ派はともかくとしても、国防総省内の実務派との間でも落差が大きいＮＰＲを「分断」の象徴としないためのレトリックとも見える。

国防総省内の軍備管理・軍縮専門家を抑え込んだ安全保障・軍事実務家グループが主導していることを示している。

＊ウクライナ情勢が進行しているので、戦略3文書を発信する意味は、「ロシアによるウクライナ侵略」に対応することを重視した可能性が高い。

その表れか3月28日の発表では、具体的な兵器に触れたのは、同盟国やパートナー国の安全保障に重大な影響のある拡大抑止力である強調・代表単数表現の核兵器（a safe, secure, and effective deterrent）のみであった。

＊総合的抑止（Integrated deterrence）については、アメリカの国力と同盟と友好関係のネットワークを挙げて、デモクラシー陣営の力を最大の効率をもって束ねることを意味するとしている。全領域戦（All Domain Warfare）概念を意識したものであり、PRC起源の超限戦概念に類似したものと言える。

また、総合的抑止は、安全で確実で効果的な核兵器によって支えられた、実戦力のある軍隊によって可能になるとして、核兵器の効果を高く評価している。

（Integrated deterrence is enabled by combat-credible forces, backstopped by a safe, secure, and effective deterrent.）

＊実行動（Campaigning）については、訳語としては「戦略的な軍事行動」を意味する。内容的には競争者（PRC）に対する「平時からの作戦」を述べている。軍隊以外の政府機関の活動を併せて、競争者の強制活動（武力による威嚇、不法侵入等）の妨害を図るとしている。

＊恒久的優位の造成（Building enduring advantages）においては、将来の統合軍の

ために、すでに行われている部隊の改編、新技術の導入、人的資源への投資（普通は増員を意味する）を加速するとしている。中・長期的施策の継続を強調している。

超限戦概念の理解が深まり、対応が本格的になったこと以外は、大きな変更はないようだと判断できる内容である。

核態勢見直し

「核態勢見直し２０２２は、アメリカの核戦略、政策、態勢と核戦力についての包括的でバランスの取れた手法を示すものである。安全で確実で効果的な核兵器の維持、強固で信頼できる拡大抑止の対外的誓約は、国防総省と国家としてのトップ・プライオリティである。

本核態勢見直しは、核兵器の役割の削減の誓約と軍備管理におけるリーダーシップの再確立を、強調（underscore）する。我々は、戦略的安定性を重要視し続け、多額の経費を要する軍拡競争を避けることを追求し、可能な場合にはリスクの減少と軍備管理取極めを推進する。」と、3月の概要発表の中で要約されていた。

さらに、核抑止戦略について以下のような「宣言政策」を大きく打ち出したものになった。「核兵器が存在する限り、アメリカの核戦力の基本的役割は、アメリカとその同盟国とパートナーへの核攻撃の抑止にある。アメリカは、合衆国とその同盟国とパートナーの死活的に重要な国益を守るためという、極限状況においてのみ、核兵器の使用を考慮する。」

以上から、「先制不使用」「唯一目的」は盛り込まれていないことがわかる。

また、可能な場合には（where possible）、軍備管理取極めを推進するという多少遠慮がちな軍備管理・軍縮の目標が示されている。

「核兵器の役割の削減」の誓約については、直近の核態勢見直し２０１８では関連部分は見当たらないので、核態勢見直し２０１０の内容を指すと思われる。

どのような条件で、核兵器を使用するかは、アメリカのみが知ることができるという意味で、戦略的あいまい性を最大限確保している「常識的な内容」になっている。「基本的役割」を論ずることは、本来「それ以外の役割」の存在を含意している。

内容的には、一部に核態勢見直し２０１０への回帰が行われたとみることができるが、そこまでの大きな揺り戻しにはならなかった。

3　核態勢見直し２０１０の内容

オバマ大統領時代の理想主義的だった核態勢見直し（2010 Nuclear Posture Review）の概要は以下の通り。

前提となる2010年と2022年の安全保障環境の落差は極めて大きいものがある。2010年当時の核兵器を巡る状況は、核の拡散が最大の問題であった。ならず者国家（rouge states）やテロリストの核兵器保有が懸念されていた。それに加えて、インドとパキスタンという核兵器不拡散条約（NPT）未加盟国による核実験と核兵器保有、さらに北朝鮮やイランによる核開発の推進といった現実の核の拡散が進行していた。

アメリカにとって安全保障上の問題は、大量破壊兵器（WMD）の拡散であると認識されていた。核兵器分野では、核テロの防止にあると認識されていた。

概要は、5つの柱（five key objectives）に示されている。

① 核拡散および核テロリズムの防止
② 核兵器の役割の低減
③ 戦略的抑止の維持と核戦力レベル低減のなかでの安定
④ 地域抑止の強化と同盟国・パートナーの再保証
⑤ 安全、確実かつ効果的な核兵器の在庫の維持

大きな特徴は、核拡散防止を進めるため、核兵器の役割の低減を図り、通常戦力の強化を図るというもので、アメリカ一極主義というか唯一の超大国としての余裕を感じさせるものである。

核兵器の役割の低減の誓約は、軍備管理・軍縮を推進する立場を明らかにして、世界各国特にロシアと中国に対して軍備管理・軍縮のリーダーシップの確立をアピールしたものであ

る。それで、軍備管理・軍縮の成果が上がったかが、本来問われるべき点であろうが、アメリカはその評価を避けているように見える。

誓約の内容について、当時「核態勢見直し2010」を分析した川上高司（現在、拓殖大学海外事情研究所教授）は、『ここでは、第一に、核不拡散義務を遵守する非核兵器保有国へは「消極的安全保証」を強化するとする。（中略）

第二に、「核兵器保有国およびNPTを遵守しない国」（核保有NPT加盟非遵守国）に対する対応は、アメリカ本土および同盟国・パートナーの重要国益擁護という極限状態においてのみ核兵器を使用し得る。そして、核保有NPT非遵守国からの通常兵器もしくは生物・化学兵器による緊急事態が起きた場合には、核による報復の道は狭いが残っている。

このように条件付きの「唯一目的（Sole Purpose）をアメリカが宣言したことにより、NPT非加盟国に対してはNPTに加盟を、また、NPT加盟非遵守国に対しては、NPT遵守を呼びかけたのである。またこのことにより、「核兵器の役割の低減」と「核不拡散体制の強化」をリンクさせた。さらに、核を保有しようとしている国（イラクや北朝鮮）に対して、核を保有しなければ核攻撃を行わない「消極的安全保証」とも関連づけ、核不拡散のインセンティブをあげたのである。

第三に、核兵器が存在する限りアメリカの基本的な役割は、アメリカおよび同盟国・パートナーに対する核抑止である。その一方で、核よりも非核による抑止の役割を強化し、非核手段（通常・化学生物兵器）による攻撃を抑止する核兵器の役割を大幅に低減するということを宣言した。』と述べ、限定条件付きの「唯一目的」という評価をしている。

4　2020年2月24日ロシアによるウクライナ侵略の意味

「冷戦後時代」の終焉を意味するものである。そして、立ち現れた現実は以下のようなものである。

①　核保有国は、核報復を受けることなく、非核保有国（元核保有国）である隣国に軍事侵攻できる自由を有する。この結果として、「NPTにどんな意味があるのか。」「核保有国の誓約にどのような意味があるのか。」ということで軍備管理・軍縮という活動に、疑問符が付いた。

②　今回は現在まで、NATOに対する拡大抑止は挑戦されていないが、「挑戦された場合に拡大抑止特に拡大核抑止は機能するだろうか。」という疑問が非核保有の同盟国に噴き出した。

③　国家間の戦争などは、もはや無いはずだった。あるとしても、グレーゾーンにおける非軍事手段による戦争行為が主体であろうという予測は誤っていた。

一方でロシアは、ウクライナ侵略の当初の段階で、プーチン大統領が「核抑止部隊を高度の臨戦態勢に置く」という命令を発して「核の使用をほのめかす」という方法で、NATOに対して「核抑止」を行っており、ベラルーシ共和国という友好国に対する「拡大核抑止」

を提供しているとも言える。ロシアの認識としては、「エスカレーション抑止」により、「拡大核抑止」も機能させていることになる。

ロシアは現在、NATOと比較した場合、通常戦力で劣っており、これを相殺するために核兵器に依存する程度がNATOより大きくなっている。冷戦時代のNATOと同じ戦略環境にある。ロシアが行っていることは、冷戦時代に、NATOがソビエト連邦に行っていたことと基本的に同じである。相違点があるのは、NATOは核の使用により「耐え難い損害」を与えることを宣言していたのに対して、ロシアは「限定的な核使用」により「加減された損害」を与えることで、戦闘の拡大・継続を断念させるというところにあり、核使用の敷居が低くなっていることである。

アメリカの国防戦略や核態勢見直しは、新しい戦略環境に適合したものでなければならない。

その中心の課題は、「拡大核抑止」と「拡大通常抑止」の選択問題でもある。特に、ロシアの核使用の敷居が低くなっている場合には、「限定的な核使用」への対応を含めて複雑化するであろう。

このようにウクライナ侵略後の欧州情勢によって、欧州正面における拡大抑止の問題は変化するが、変化しない要素がある。次に論ずる中国の核戦力の増強であり、核態勢見直し2022の検討開始後の最大の問題点であったはずである。

5　中国の核戦力増強

中国の核戦力については、私は「国連安全保障理事会常任理事国（P5）の身分証明としての核戦力」であったと考えている。毛沢東の人民戦争理論から言えば、「張子の虎」である核戦力は、政治的兵器以上のものである必要はなく、中国共産党独自の「最小限抑止戦略」により、経済成長の妨げとならない範囲に制限されていたのである。その地位に重大な変化が訪れたのは、習近平時代になり、「中国の夢」すなわち「中華民族の偉大なる復興」が国家目標となったことによる。実行計画によれば、2021年には「小康社会」（それなりにゆとりある社会）建設をほぼ達成し、2049年「社会主義現代化強国」（アメリカを超える国家）建設に邁進している。

その中で、現在約350発とされる戦略核弾頭の将来見通しについて、2027年には700発、2030年には1000発になるというアメリカ国防省の分析が存在する。単純な外挿予測を加えれば、2035年には1500発になるということである。現在のSTARTの制限で、米ロとも1550発に制限されている戦略核弾頭の数を、中国は2049年を待たずして超えることが予想されていた。

その意味することは単純である。最悪の場合、2035年以降、アメリカはほぼパリティ（均衡した）の中ロ2ヵ国と、最悪の場合、2倍の戦力差（弾頭数）で核戦争を戦わなければならない戦略環境になるということである。

この事実は、ウクライナ侵略以前からはっきり見えていた。核戦略態勢見直し2022の主要な論点であったはずである。

オバマ政権時代も含めて、中国は自国の核戦力に対する軍備管理・軍縮に関する協議すらも拒否してきた。一方で、一貫して核兵器システム製造能力は拡大してきた。

6　アメリカの新核戦略の方向性

打開の道は、理論上は3つ存在する。
① 軍備管理・軍縮（START）の枠組みで、3国の戦略均衡を達成する。
② 中ロ2国を抑止し破壊しうる圧倒的な核戦力を整備する。
③ 戦略核兵器を無効化するような、相殺戦略兵器の整備。
不明な点は、中国がどのような核戦略を持っているのか、あるいはどのような軍備管理・軍縮への戦略を持っているのか。中国の経済基盤が持続不能になるような相殺戦略兵器はありうるのだろうか。そして、中国に追いつかれつつあるアメリカの経済力で、相殺戦略兵器の研究開発や圧倒的な核戦力の整備は可能だろうか。

以上から、打開の道は3つとも大きな問題点をはらみ、アメリカの運命を託すような選択は現在できないはずである。現実的には、現状を維持しつつ、最悪とも言える第2の道が示す核軍拡競争に備えて、核兵器生産能力の向上を図りつつ、第1の道である「軍備管理・軍縮による戦略的安定」があることを中国に示しながら説得しつつ、第3の道を探り、できれば革新的技術優位によって戦略的優位を再確立したいというのが、アメリカの戦略プランナーの大多数の結論であると考える。

また、既述したように戦略核のバランスが確保されたとしても、拡大抑止についての議論は残ることになる。ロシアの「エスカレーション核抑止」理論は、核使用の敷居を低くするものであり、アメリカも対応のための準備をするものと考えられる。

そこで、アメリカの核戦略の動向を核態勢見直し2022から読み解けば、以下のような4点になる。

① 老朽化している核兵器システムは、近代化（改修）を推進する。一方で、核爆弾・弾頭の数量は、当面現状を維持する。

② 将来的な核軍拡競争に備えて、核兵器生産能力の近代化を進め、能力を拡充する。従来の縮小方針から、大きく転換する。

③ 地域紛争時における同盟国等に対する拡大抑止の保証については、核・非核両用航空機（DCA）と搭載用核爆弾の近代化、戦略爆撃機と搭載用核ミサイルの近代化と前方配置の強化、同盟国との緊密な核兵器に関する協議の強化といった既存の核兵器システム（ハードウエア）の近代化と運用方法（ソフトウエア）の改善によって対処する。

④ 以上から、資源投資の重点は、明らかに核兵器生産能力の近代化・拡充に向けられて

いる。これは、中国に対する「軍備管理・軍縮による戦略的安定」を目指そうという呼びかけであるとともに、核軍拡競争について挑戦するのならば、受けて立つという強いメッセージとなっている。

核態勢見直し2022を通して見えるアメリカの核戦略は、核軍拡に舵を切ったという後世の批判を恐れることなく、国防戦略2022と同一歩調で中国との長い競争に備えるもので、大方の予想以上に現実主義（リアリズム）的な立場のものとなった。アメリカ社会における超党派の国防関係者の信念と力強さを確認できる。

戦略環境の悪化に応じて、核兵器に対する期待・評価が高まりつつあり、今後は戦略的にも戦域的にも戦術的にも重視されて量的にも拡大強化される方向にあると考えられる。

第18章 ロシアのウクライナ侵攻に関する情報戦

樋口敬祐

1 情報戦とは

ロシアのウクライナ侵攻においては、「情報戦」に注目が集まっており、色々な場面でその言葉が使われているが、明確に定義されているわけではない。

2005年ごろ以降のNATO（DEEP e Academy）の定義によれば、「情報戦とは、相手に対して情報面で優位に立つために行われる作戦である。情報戦は自国の情報空間を支配し、自国の情報へのアクセスを保護する一方で、相手の情報を入手・利用し、相手の情報システムを破壊し、情報の流れを混乱させることで成立する。情報戦は新しい現象ではないが、技術の発展による情報の伝達の高速化・大規模化という革新的な要素を含んでいる。」とされている。

ロシアのウクライナ侵攻においては、主に戦争を遂行するために行われていた情報戦の範囲が拡大し、戦争遂行以外の場面でも情報戦という言葉が多用されている。したがって、本稿においては、情報戦を「相手に対して情報優位に立つために行われる情報をめぐる作戦や行為」と幅広く捉えた上で、できるだけ新たな側面を記述する。

2 ウクライナの「情報収集」とターゲッティング

アメリカを中心に西側諸国は、2014年ロシアがクリミアを併合して以来、ウクライナ軍を西側の近代的な軍隊に変えるため、兵士の教育、訓練にあたってきた。情報戦については、米、英は情報機関のスタッフをウクライナに派遣し、ウクライナ情報当局と協力関係を構築してきた。ロシアのウクライナ侵攻後は、ウクライナ軍の参謀本部や情報局で西側諸国との連絡官として活動しているとされる。

ウクライナへ提供するのに必要な情報収集は、NATO軍などの偵察機、AWACSがウクライナとの国境に近いポーランド上空や黒海上空の国際空域で活動、黒海の国際水域においては情報収集艦が展開して行っている。これらの情報はウクライナ国内の連絡官に送られ、連絡官は、これらを取捨選択しながらウクライナ側に提供しているようだ。

ウクライナ軍は、それらを基に自らのドローンや偵察部隊も運用して細部の目標情報を得ている。この目標情報は、「GIS Arta（ジーアイエス アルタ）」通称「大砲のウーバー」というシステムにも組み込まれている。これは、ウクライナのプログラマーが、英国のデジタル地図会社と共同で開発したものである。

このシステムは、各種情報源から得られたデータをシステムに入力し、敵の位置を標定する。その標定した位置を射撃計算ソフトで処理し、その地域に配置されている火砲、ミサイル、ドローンなどの中から、どの兵器で攻撃するのが最適かを瞬時に判断して、指揮官に提供するものである。指揮官の命令によりターゲットの位置座標が兵器の位置に送られ攻撃が行われる。このシステムにより、火砲の射撃までに要する時間が従来の20分から1〜2分へと短縮されたという。

「大砲のウーバー」とは、アメリカの都市において、個人の自動車を乗車希望の人へ配車するサービス会社「ウーバー」のシステムから来たネーミングだ。乗客の最も近いところにいる自動車をマッチングして派遣するサービスのように、ターゲットに最も適した攻撃手段を自動的にマッチングさせるわけである。

ロシア軍の上級指揮官が次々と戦死しているのも、このシステムの活用であろう。それぞれの機関によって公表数は違うが、ウクライナ政府は2022年6月6日時点で、将官12人戦死と公表、BBCなど西側諸国の報道では、将官7人が死亡したとされている。一方ロシア国内の報道では、2022年6月5日時点で「特別軍事行動」で死亡した将官数は4人としている。開戦直後、ロシア軍は約20名の将官を現場に送り込んだといわれているため、仮にロシアの報道のとおりだとしてもかなり高い戦死率になる。

NATO側は冷戦時からソ連軍（ロシア軍）を機能不全に陥らせるには、上級の指揮官を抹殺すればよいという戦術を考案していた。つまり、ソ連軍のような硬直した組織では「頭」

を潰せば、「手足」は動いたとしても組織的戦闘を行えなくなるということである。

今回の戦争では、情報だけでなくNATOが長年培ってきた戦術もウクライナに伝授し、その結果、多くの将官が大砲のウーバーシステムにより、狙い撃ちされているのだと考えられる。

3 民間レベルでも高度な「情報の分析」が可能

SNSなどで拡散された動画の真偽が、民間の英調査報道機関「ベリングキャット」などが開発した手法により、民間レベルでも分析できるようになった。2月24日の日本経済新聞によれば、ロシアのウクライナ侵攻前の2月21日、SNSで流れた「ウクライナによるロシア、親ロシア派支配地域への侵入」とされる複数の映像についてベリングキャットは、そもそもウクライナ軍が運用していない装甲兵員輸送車が、ウクライナ軍のものだとされているとしている。したがって、この画像はロシアによる偽情報であり「偽旗作戦」の可能性があると指摘した。

また、独立を発表したドネツク人民共和国の親ロ派武装勢力は2月18日、同共和国に侵入を試みたウクライナ兵との銃撃戦とされる映像を投稿した。親ロ派はこれを、ウクライナ側の犯罪を示す証拠と主張していたが、日経新聞が動画のメタデータ（属性情報）に残る編集履歴を分析したところ、実は10日前の2月8日に作成されたことがわかった。

このように、今や民間レベルでもSNSなどで得られたオシント（公開情報）を分析すれば、その情報の真偽を確かめることができ、一民間組織が情報戦においてロシアと対抗することすらできるようになった。このようなことは、従来の情報戦の範疇では考えられてもいなかったことだ。

4 ウクライナとロシアの「情報の使用」の差異

ロシアのウクライナ侵攻に関連したSNSによるウクライナ側の情報発信は、国際世論を味方にする上で大きな役割を果たしている。ロシアの侵攻直後、ゼレンスキー大統領が自国を捨てて逃げたとするロシア側の発表に対して、大統領自らがSNS上ですぐさま「わたしたちはここにいる」と主要閣僚たちとともに、キーウから動画を発信した。このことは、ウクライナ国民の愛国心を高揚させ、国際社会によるウクライナへの支援を取り付けた。

ウクライナ人から発信されている写真や動画情報は極めて多い。それらは、地域におけるロシア軍の残虐な行為を世界に知らしめるとともに、地域住民がロシア軍の動向に関する軍事情報を提供する役割も果たしている。今までも戦場の様子などがSNS上に流れることはあったが、このような住民による軍事情報の意図的で軽易な発信はなかったといえる。これは、戦場がウクライナ国内であり、一般市民が画像をSNSに軽易に投稿することができる環境が整っていることも理由の1つだろう。

そのウクライナ側の、ＳＮＳを使った情報戦の基盤を支えているものの1つが、アメリカの民間会社のスペースＸが運営するスターリンクである。スターリンクは、小型の人工衛星の一群で、それを使用し宇宙から地球全体への通信が可能になる。ロシア軍の侵攻当初、ウクライナの地上通信基地局が破壊されたため、ミハイロ・フョードロフ副首相兼デジタル化担当大臣は、ロシアのウクライナ侵攻から2日後の2月26日、ツイッターでスペースＸの代表のイーロン・マスク氏にスターリンクのシステムをウクライナに提供してほしいとメッセージを送った。

するとマスク氏はわずか10時間後に「スターリンクのサービスをウクライナで開始した。ターミナル（専用送受信機）をどんどん送る」と返信し、3月1日以降、次々とスターリンクのターミナルが現地に到着し通信環境が整った。

ウクライナ側がＳＮＳを多用する一方で、侵攻したロシア軍兵士からと思われるＳＮＳへの投稿は見られない。なぜならロシア軍は兵士のＳＮＳ投稿を厳しく規制しているからである。ロシア軍で、このような規制が徹底されたのは、２０１４年のロシアによるクリミア併合の時の教訓による。

２０１４年当時、クリミアではリトル・グリーンマンと称される、徽章をつけていない覆面姿のなぞの武装集団が主要施設を次々と占拠していった。しかし、これらの中には、自撮りの画像をＳＮＳに投稿する者がいて、それらの画像からリトル・グリーンマンの中にロシア軍の現役の兵士が含まれることが判明し、ロシアの工作活動の実態が明らかになった。その後、ロシア軍ではスマートフォンの使用に大幅な制限が設けられた。

２０１９年2月には、その制限がさらに厳しくなり、兵士の軍務中におけるスマートフォンやタブレットの使用禁止、軍に関する話題をＳＮＳへ投稿したり、軍の話題をジャーナリストに話すことなどが禁止される法律が策定された。ウクライナ侵攻後のロシアは、この「軍に関する偽情報流布防止法」の適用範囲を一般国民にまで広げ、政府機関等の信用を傷つける偽情報を広めた場合、最長で懲役15年を科す法案を可決した。

このようにウクライナはＳＮＳを積極的に活用し、ロシアは軍や国民のＳＮＳを制限し情報を統制する手段をとっている。

5 アメリカにおける「情報の使用」

ウクライナをめぐっては、２０２１年の秋頃から米ロの激しい情報戦が顕在化してきた。ロシアは２０２１年秋以降、ウクライナ周辺に9万人規模の兵力を集結させていた。しかし、国防省は兵力集結の事実や侵攻の意図を否定した上で自国内での部隊の移動であり、それはロシアの自由だと主張してきた。

また、これらＮＡＴＯ側の懸念に対し、プーチン政権は12月中旬、ウクライナ問題を含む欧州安保に関する新たな合意案を提示し、ＮＡＴＯと協議を開始すると言い出した。さらに12月25日、ロシア国防省は、１万人以上の部隊がウクライナと接する軍管区での１ヵ月の演習を終えて撤収すると発表、翌2022年2月15日には、ロシアは演習を終えてウクライナ国境から部隊を撤収したとする画像まで公開していた。しかし、これに対しアメリカは、ロシアはむしろ国境付近では兵力を増強していて、ロシアの発表は偽情報であり、「偽旗作戦」だと大統領や国務長官などが会見で主張した。

アメリカで今回このような形でロシアの情報戦に対抗しているのは、タイガーチームである。このチームは2021年11月、ホワイトハウスに集められた関係省庁の担当者からなる大統領直轄の専門家集団である。タイガーチームとしては、ロシアによるウクライナ侵攻の兆候を示す機密扱いの情報までも積極的に開示することで、ロシアの軍事行動を抑止するとともに、ロシアの情報戦に適切に対応する狙いがあった。ロシアのウクライナ侵攻が開始されたことで、タイガーチームの開示した情報は正確だったということが立証された。

そのタイガーチームの判断を裏付けるための情報がインテリジェンス・インフォメーションである。ここで意味するインテリジェンスは、秘密に得られた情報、特にスパイなどのヒューミント（人を情報源とする情報収集）活動により秘密裏に得られた情報という意味で使用されていると思われる。アメリカ政府は、機密情報を基にしているとまでは発表するが、具体的な資料源は決して明かさず「手の内」までさらす危険は冒していない。

今回のウクライナ情勢では、ウクライナ周辺に集結しているロシア軍の動向などの（商用）衛星画像情報がネットや新聞に数多く掲載されている。軍の偵察衛星はもっと解像度が高い。しかし、いくら詳細な衛星画像が入手できても「プーチン大統領の考え方や本音」などは、わからない。そのような場合、仮にプーチン大統領の側近などから、信頼できる情報を入手できれば、バイデン米大統領は、より適切な行動をとることができる。

2月15日付けのニューヨークタイムズには、「CIAはプーチン大統領の側近の1人から、プーチン大統領の政策決定を正確に把握してきたが、2017年にその人物をロシアから脱出させてからはプーチン大統領の動きを正確に知ることができなくなった。」との報道がある。今回ロシアの侵攻について正確な見通しが示せたということは、報道のとおりに仮に側近レベルにはスパイがいなくなったとしても主要な部署にスパイが残存している可能性が高いと筆者は考える。

アメリカ政府の、機密情報の開示によってロシアのウクライナ侵攻を抑止しようとする試みは失敗したが、ロシアの言動の嘘を暴きアメリカの情報の信憑性を高めた点では効果的だった。さらに、英米のシンクタンクなどもロシアのウクライナ侵攻シナリオなどの的確な分析を次々に報告した。RUSI（英王立防衛安全保障研究所）の上級スタッフ秋元千明によれば、英米の政府による機密情報の受け皿となったのは、英国のRUSIやアメリカのISW（戦争研究所）など民間のシンクタンクだとされる。

つまり、各政府が特定のシンクタンクの専門家やマスコミに定期的に（開示可能な）機密情報を含む情報提供を行い、それらを基にシンクタンクの視点で分析した内容を適宜公表しているというのだ。政権が専門家のフィルターを通して情報を公開した方が、社会的にも信頼され、情報の拡散効果も大きいとの判断から今回そうしたようである。

このように政府が、部外に対して開示を前提に機密情報を提供するようなことも、今までには見られない動きである。

6 偽情報（ディスインフォメーション）の攻防とナラティブの戦い

２０１７年の欧州評議会の報告書によれば、情報の無秩序（Information Disorder）の状況下における正しくない情報、いわゆる嘘の情報には①誤情報（Mis-information）、②偽情報（Disinformation）、③悪意の情報（Mal-information）がある。情報戦においては、主に偽情報（ディスインフォメーション）が用いられるものの、上記３つを明確に区分するのは、困難な場合も多いと思われる。

3月16日、SNS上に、ゼレンスキー大統領が自国の兵士や国民に降伏を呼びかけるディープ・フェイクを使った新たな偽の動画が出回った。ほぼ同時にウクライナの国営テレビもハッキング攻撃に遭い、大統領が降伏を呼びかけたとの偽のテロップが画面に流れた。しかし、素人でも違和感を感じるほど動画の質が悪く、ゼレンスキー大統領もすぐに注意を呼びかけたため、ロシア側の作戦は失敗に終わった。

偽情報は、ウクライナだけでなくアメリカも流しているが、ロシアよりも巧妙に行っている。ロシアのこうした雑な偽情報は、真っ赤な嘘であり支離滅裂にみえても、意外にも効果を生み出し得る。２０１６年の米ランド研究所の報告書によれば、新時代のロシアのプロパガンダの基本姿勢は「受け手を楽しませ、混乱させ、圧倒する」ことである。そして、その特徴は、第1に多様な媒体を通じた大量の情報発信、第2に半端な事実や赤裸々な嘘を恥じらいなく広める姿勢である。日々、大量の情報にさまざまな媒体で接する人々は、真偽をいちいち確認する余裕がない。そうして記憶にすり込まれた情報は、当初こそ疑わしく思えても時間とともに違和感が薄らいでいくのである。

また、ロシアとウクライナにおいては「ナラティブの戦い」も繰り広げられている。ナラティブとは、「物語」のことだが「人々に強い感情・共感を生み出す、真偽や価値判断が織り交ざった感染性の強い通俗的な物語」のことである。その特徴は、「シンプルさ」「共鳴」「目新しさ」である。

ロシアのウクライナ侵攻では、ロシアは「ネオナチにウクライナが支配されている」「ロシア人が迫害されている」そのため「抑圧されるロシア系住民を救出するための特別軍事作戦」を行うと世界に発信した。これらのナラティブは、ロシア国内やウクライナのドンバス地域の住民など一部には受け入れられたものの、世界的には受け入れられなかった。

一方ウクライナ側は、ロシアのウクライナ侵攻直後に「ゼレンスキー大統領が自国を捨てて逃げた」とするロシア側の発表にすぐさま反応し、「わたしたちはここにいる」と主要閣僚たちとともに、キーウからSNSですぐさま動画を発信、自分たちはここにとどまりロシアに蹂躙された失地を回復すると宣言した。各国の議会などでは、オンラインでその国に受け入れられ国民感情を揺さぶるような表現を使い分け、ウクライナのナラティブを世界に向けて訴えた。アメリカでは「パールハーバー」、我が国に対しては「原発事故」「復興」などをキーワードとして訴えた。誰もが知る歴史や社会集団の記憶に根差すナラティブは、特に拡散しやすいとされている。

もちろん、ロシア側が語るナラティブがすべて嘘で、ウクライナ側が語るナラティブがすべて正しいというわけではない。

7 サイバー攻撃の範囲の拡大

2021年、英国のIISSが各国のサイバー戦能力に関するレポートを発表した。そのレポートにおけるロシアとウクライナの主要な点を比較すると、①戦略・ドクトリン：ロシアは従来からのハイブリッド戦を展開、ウクライナは個人のSNSなどを駆使して情報を発信するとともに不足分を欧米の支援で補完、②統制力：ロシアは既存の情報組織で組織目的達成のため淡々と任務を遂行、ウクライナはIT軍を創設し既存の組織を補完、ただしIT軍は政府の統制下ではなくそれぞれの思惑で活動、③権限と委任：ロシアは大統領の独裁状況であり権限の委任は限定的、ウクライナは副大統領兼デジタル化担当大臣に権限を委任、④抗堪性：両国とも地上の通信インフラは強固ではない、ウクライナは衛星通信を地上通信の代替として効果的に活用、⑤攻撃力：ロシアは充実したインテリジェンス機関を有し、マルウェアの自国開発が可能で高度な攻撃力を有する、ウクライナは自国のみでマルウェアの開発は困難であり、経験も乏しく攻撃は単調。

以上を総括すると、ウクライナはサイバー戦能力全般でロシアに対し劣勢だが、ドクトリンや組織の柔軟性、個人のＳＮＳなどを駆使してロシアになんとか対抗しようとしているといえる。ただし、ロシアのウクライナ侵攻以降は欧米の支援などもあり、サイバー戦においてロシアに善戦しているとも言えるのではないだろうか。

今回のサイバー攻撃においては、政府機関以外のサイバー集団の活動も目立っている。ネット上で活動するセキュリティー研究者「サイバーノウ」は、ロシアのウクライナ侵攻を後押しする43ものサイバー攻撃集団を確認している。ロシア系サイバー犯罪集団「コンティ」は同国政府支持を打ち出している。また、「キルネット」は政治的思想を掲げて活動するハッカー集団で、ロシアのウクライナ侵攻を支持する姿勢を示して西側諸国の企業や政府機関に相次いで攻撃を仕掛けている。我が国も9月6日〜7日にかけて、政府のサイトなどが「キルネット」による攻撃を受けた。

一方、ロシアに対しても国際的ハッカー集団「アノニマス」が、ロシア国防省への攻撃を宣言し、両国間のＤＤｏＳ攻撃の応酬が続いた。米ＩＴ大手クラウドフレアによると、２０２２年４〜６月のネットワーク層へのＤＤｏＳ攻撃は、世界全体で前年同期に比べ約２・１倍に増え、ロシアによるウクライナ侵攻を機に規模や件数が急拡大していると警告している。

8　最後に

第1次大戦において日本は、本格的な戦いに参加することはなかった。しかし観戦武官などを多数参加させ教訓の収集に努めた。そのため、戦場で目に見えやすい火力の重要性については十分理解し、次の戦いに備えることができた。しかし、目に見えない部分で戦われていた情報や兵站の分野においては、あまり重大な教訓を得てはいなかった。今回のウクライナ戦争においても同様のことが言えるのではないだろうか。我が国を含め戦争当事国以外の国においては、目に見えにくい部分での教訓を得ることは、かなり困難なのではないかと思う。

しかし、インターネットやSNSに代表される情報伝達の高速化・大規模化という現代社会の特性を活用すれば、従前よりもはるかに情報を収集することができると考える。最先端で繰り広げられている情報戦の実態を把握し、すでに我が国に公然・非公然に行われている情報戦に対応し、さらに将来に備えるためにも、今こそ情報機関のストーブパイプ（縦割り）をなくし、統合や自由な情報共有を行い分析が必要なのだと筆者は考える。

第19章　ドローンの戦い
―ウクライナ戦争と大国間競争

高橋秀行

はじめに

ウクライナに対するロシアの軍事侵攻に際して、欧米諸国を中心とする国際社会は、平和と安全を目的とする国連憲章に反した現安保理常任理事国の前時代的で野蛮な非人道的行為を強く非難し、事態改善に向けた外交、軍事、経済、情報にわたるさまざまな努力を行っている。

しかし、国連総会の非難決議案が全会一致に至らなかったように、国際社会は一枚岩ではない。そこには食糧・エネルギー事情が複雑に絡み合う。地政学的野心と相互依存の相反する利害が生み出す複合的な問題は、中国と台湾に係る地域問題にも波紋を広げている。

その発端であるウクライナ戦争は、軍事侵攻に至った因果メカニズムなど、いくつかの大きな研究意義を持つ謎がある。ウクライナが善戦した理由は、その1つである。開戦直後、専門家たちは、両国間の著しい戦力格差や最大19万人の兵力による電撃的な軍事侵攻を理由に、首都キーウは数日で陥落するだろうと予想した。その予想に反してロシアは「特別軍事作戦」を終えられず苦戦した。その一因を、現指導者のショイグ国防相やゲラシモフ参謀総長が２０１４年以降の軍改革で積極的に近代化したはずの軍の意外な脆さに求める論考が多い。

しかし、野蛮な時代への備えを考慮すれば、ウクライナ側に内在する善戦の理由を知る方がより価値が大きいだろう。その考察の足掛かりは、２０１４年の紛争以降における開戦前のウクライナの準備と、開戦後の欧米の軍事支援に共通するドローン（drone）にある。ドローンは、無人航空機（Unmanned Aerial Vehicle: ＵＡＶ）や無人航空システム（Unmanned aircraft systems: ＵＡＳ）と呼ばれている。日本の航空法などを参考にすれば、ＵＡＶは人が搭乗せず遠隔操作や自動操縦で飛行する航空機、ＵＡＳは地上管制装置なども含めたシステム全体を指している。

当初、多くの専門家は強力な電磁戦や防空戦の能力を持つロシア軍に対してＵＡＶは玩具同然で無意味だと評した。しかし、兵器の「実験場」の中で一際目を引く戦果を挙げたＵＡＶに対して、専門家たちは首を捻りながらさまざまな考察を行った。しかし、それが本質的にいかなる意味を有するのかという疑問の解消には至っておらず、考察を深める余地が残されている。

そこで本稿は、この戦争をヒントにＵＡＶはいかなる本質的な意味を持つのか考察し、大国間競争にも言及することで今後の安全保障に係る議論に貢献することを目的とする。

1　ＵＡＶ観の急変と本質的な議論の必要性

２０２０年のジェーン年鑑によれば、開戦前からウクライナは主にインテリジェンス、監視、偵察（Intelligence, Surveillance and Reconnaissance: ＩＳＲ）任務を行う20種類の遠隔操縦型軍用ＵＡＶを整備してきた。中でもトルコのバイカル（Baykar）社製バイラクタル（Bayraktar）ＴＢ２は、アメリカ製ＭＱ－１プレデター（Predator）と同じシステム機、ＵＡＳであり、武装可能な無人戦闘航空機（Unmanned Combat Air Vehicles: ＵＣＡＶ）として異彩を放っている。

一方のロシアも主にＩＳＲ任務を行う14種類の軍用ＵＡＶを保有しており、中でもコルサール（Korsar）、オリオン（Orion）は武装も可能である。しかし、これらは世界標準と比べると見劣りする。小泉悠は、その理由を経済停滞の影響だと指摘する（１）。ＵＡＶは、前述の軍改革でも注目されたが、他の重要兵器のために後回しにされたのかもしれない。ここに開戦前からロシアとの戦力差を埋めるため、積極的にＵＡＶを導入したウクライナとの差が現れているように思われる。

しかし、開戦後にＵＡＶが示した華々しい戦果は、両国のみならず、世界のＵＡＶ観を急変させた。ウクライナのＴＢ２は、陸上戦闘車両のみならず洋上の哨戒艇やスネーク島の防空システムも破壊した。また、市販ＵＡＶはさまざまな戦闘場面において補助的なＩＳ

R機として活躍した。専門知識を有した一般市民が結成した非政府組織「アエロズヴィドカ（Aerorozvidka）」は市販UAVで軍事支援を行い、これに同国国防省の呼びかけに応じた一般市民も戦闘行為に加わった。これらは隠れた戦闘車両を目標情報として砲兵に提供したほか、SNSなどを通じて空撮映像を発信した。そこにアメリカからロシアの大隊戦術群（Battalion Tactical Group: BTG）を苦しめた多目的ミサイルFGM－148ジャベリン（Javelin）を空に浮かべたようなエアロヴァイロンメント（AeroVironment）社製のスイッチブレード（Switch Blade）100機が供与された。これは、半自律型の徘徊型弾薬（loitering munition）と言われるUCAVの一種であり、レーダー誘導で標的を追尾し、人間の指令で攻撃に移行、中断、再開を選択できる、UASと巡航ミサイルのハーフのようなスマート兵器である。このようにウクライナは、大別して軍用と市販の2種類、さらに軍用は遠隔操縦型UAVと半自律型徘徊型弾薬に分類できるUAVを運用し、これを戦闘の前提とする方向へ完全にシフトした。それは、ウクライナ兵がUAVの扱い方を習熟してから戦地に展開していることなどからも明らかであろう。

対するロシアも、UAVの獲得や防空網の再編など態勢の立て直しを急いでいる。ロシア軍の電磁戦や防空戦の能力はUAVに対して機能しなかった。UAVの運用も偵察・電子戦用のオルラン（Orlan）－10の多用に留まった。これを改善する動きは、アメリカが最大射程300kmの地対地ミサイルMGM－140「ATACMS」を発射できる高機動ロケット砲システムM142「HIMARS」を供与する動きに連動して高まった。プーチン大統領自ら、UAVの獲得に向けて外交交渉に動いたのがその証であろう。その結果、イランは46機のUAV提供と運用訓練を承諾した（2）。ロシアは、UAV前提の戦闘に適応するため、国を挙げて努力を傾注している。

こう俯瞰すると、UAVは現代戦の前提を揺るがす何らかの革新的なうねりを生み出しつつあるように見える。これは、既存の戦い方を時代遅れにする「軍事革命（Revolution in Military Affairs: RMA）」的な議論である。これに対して、UAVは未だその領域に達していないと見る向きが多い。核兵器が登場した時のように、軍事ドクトリンや新組織の創設などの軍事的転換点を迎えていないからである。しかし、現代戦の前提を変え得る「何か」が隠されているのも確かではないだろうか。その「何か」を読み解く議論は、外交・安全保障問題の観点のみならず、一般社会インフラへの無人化技術の導入を考える上でも重要である。

その議論は、アルメニアとアゼルバイジャンがナゴルノ・カラバフ（Nagorno-Karabakh）を巡り争った2020年の戦争に関する2つの論考が参考となる。1点目は「低価格化」である。例えば軍事史家のクレイグ・リード（Craig Reed）とジェームズ・ライフ（James Rife）は、安く手に入る高機動で消耗品のUAVがいかに致命的な効果を発揮するかを論じた（3）。2点目は「情報優越」である。英国王立防衛安全保障研究所（RUSI）のジャック・ワトリン（Jack Watling）は、アルメニアの戦車を喪失させた要因は火力ではなく情報にあり、戦闘空間に占めるセンサー濃度の優越性が複合武器戦術のバランスに変化を与えた可能性を指摘した（4）。以降、この2つの鍵を手掛かりにUAVの本質的な意味について考察する。

2　第1の鍵：低価格化とその影響

まず、ＵＡＶの低価格化に関する議論に先立ち、この戦争で使われた軍用ＵＡＶと市販ＵＡＶを比較する。軍用と異なり、市販は多くが趣味用である。しかし、その能力は、空撮、測量、点検などの精密作業を行えるレベルである。また、最近は群制御も可能な機体が1機10万円程度で購入でき、千機程度を制御できる。無論、搭載可能重量、最大通信距離、最大飛行高度、滞空時間、搭載可能装備などの性能は軍用と比べると差がある。しかし、設計思想は類似性がある。例えば、画像装置は４Ｋ等の高解像度センサーや赤外線センサーであり、飛行制御装置は多重冗長で墜落時の安全性を確保している。これは、信頼性や安全性を高めれば、自然と軍用ＵＡＶの要件と同等の設計思想に辿り着くことを意味している。

一方、ＵＡＶは低価格化している。例えば、アメリカ製ＭＱ－９リーパー（Reaper）の機体価格が1機千七百万ドルであるのに対して、ＴＢ２は1機二百万ドル、市販ＵＡＶ（ＤＪＩ社製Inspire2）を例にすると1機三千ドル程度と言われる。１kg当たりの単価に換算すると、リーパーは３５６９ドル、ＴＢ２は３１７５ドル、市販ＵＡＶは７０６ドルとなる。

つまり、軍用ＵＡＶと市販ＵＡＶは、設計思想が近似しながら低価格化しているのである。そうであれば、高額機を1機購入するより低額機を大量に購入して同様の任務に投入することも可能である。高額機は撃墜されて終わるが、低額機は使い捨てできるため、危険な敵の脅威圏内に気軽に投入できる。指揮官は、高額兵器の損失に伴う補充や人命の損失による政治リスクなどを考慮することなく、優秀な「手駒」を増やすことができる。それは、人命の損失による政治リスクを回避したいロシアと著しい戦力格差を覆したいウクライナの双方にとって、長期持久戦の中で戦闘機会を増加させる有効なソリューションとなる。

つまり、設計思想の近似と低価格化によるコスト感覚の変化は、リスク回避と戦力補完をかなえる「打出の小槌」となり、この戦争の様相を変えた一因になったのではないかと考える。

3 第2の鍵：情報優越とその影響

次の鍵である情報優越とは、情報で主導権を握る概念である。その原点は、カール・フォン・クラウゼヴィッツが定義した戦場の霧（情報の不完全性）と摩擦（実行時の偶然性）にある。現実世界は、線形的でなく非線形的である。些細な出来事が積み重なると、予測できない結果を生む。故に、机上でいかに論理的かつ緻密に計画を立てても現実はズレが生じる。理論と現実のズレは、戦術レベルから作戦、戦略レベルに規模が拡大するほど多様で累積的な影響が生じる。故に冗長性や柔軟性に欠ける計画は、霧と摩擦によって現場をカオス（混沌）に陥れ、潰走させる原因となる。この伝統的課題は、軍事専門家の永遠の悩みである。

軍事技術の発展は、この課題の克服と関係が深い。その方向性は、さまざまな領域のセンサー情報をネットワークで迅速に伝えて、リアルタイムで状況を認識することにある。この概念を明文化した一例が１９９６年の米統合軍『統合ビジョン（Joint Vision）２０１０』であり、情報優越はその中心概念である。その核心は、敵の能力を否定するための攻撃的な情報戦と、情報を収集、処理、発信して有利な状況を作り出す防御的な情報戦の組合せにある。その概念、即ち攻防一体の情報化のため、アメリカは各軍種や統合で技術開発等を進めてきた。

しかし、情報化は新たな理論と現実のズレも生み出した。情報化が軍事領域に留まらず社会領域にも拡大したからである。敵味方とも膨大な情報の海も戦場と化す中、隠蔽や欺瞞を用いて身元の特定を避けながら、サイバー戦や心理戦などで物理的、心理的な脆弱性を攻撃する。その中で情報優越はますます困難となり、新たなカオスに陥るリスクもはらんでいる。つまり、現代は伝統的で非伝統的な二重のカオスに陥るリスクを抱えている。故に情報優越を獲得するためには、カオス化を防ぎ、敵には強いる、攻防一体の情報戦が必要となる。

この戦争に視点を移すと、ＵＡＶは情報優越の獲得に寄与した可能性がある。ロシア軍のＢＴＧは、道路上に車列を暴露しながら攻勢作戦を行った。対するウクライナ軍兵士やアエロズヴィドカは、身を潜めながらＵＡＶ等を使ってＢＴＧの位置を把握し、砲兵に伝え、同時多方向攻撃を行う防勢作戦を行った。このＵＡＶは攻撃後の評価も行い、次の計画立案に寄与したほか、とらえた映像は国際社会に発信され、自らに有利な世論形成につなげる副次効果も生み出した。一方のＢＴＧは、情報が限られ、組織的な連携が取れず、何人もの将官が命を落とした。このようにＵＡＶは、攻防両面から情報優越の獲得に重要な役割を果たした。対するロシア軍は、計画の破綻と情報不足が物理的かつ心理的なカオスにつながり、進軍の停滞や士気の低下につながった。冒頭で述べたロシア軍の脆さは、その現れかもしれない。

さらには、アメリカのスペースX社が運用するスターリンクの衛星インターネットやマクサー・テクノロジー社が運用する画像衛星の高精細画像イメージなど、衛星コンステレーションとの連携が、情報優越を高めていることも特筆に値する。ＵＡＶと情報・画像衛星が得た情報は、戦術・作戦レベルで長射程火砲による精密攻撃につながり、戦略レベルで世論形成や正当性の主張に貢献している。故に、ＵＡＶと衛星はセットで考えるべきであろう。

4　大国間競争に与える影響—むすびに代えて

最後に、これまでの議論を踏まえて、現在の米中間における大国間競争を考察したい。

2022年8月2日から3日、ナンシー・ペロシ（Nancy Pelosi）米下院議長は台湾を訪問した。この出来事は台湾有事への緊張を急速に高めた。この時、中国は激しい反応を示し、台湾の周辺に6ヵ所の立入禁止区域を設置して同4日から軍事演習を開始した。

この軍事演習に関する議論で注目するのが、ジャック・キーン（John "Jack" Keane）米陸軍退役大将による同6日のＦＯＸニュースにおける発言である。トランプ政権時、国防長官への就任を二度も打診された経歴を持つキーンは、これまで中国の台湾侵攻は第二次世界大戦のノルマンディー上陸作戦のような「Ｄ－Ｄａｙタイプ」で、最も危険な選択肢を採用すると思われていたが、今回の軍事演習は「封鎖」のように見えると発言している(5)。

封鎖、もしくはこれに準じた手段を採用した場合、周辺海域は海上交通に大きな制約を受ける。そこでは世論戦（国内外の世論に影響を与える）、心理戦（敵の士気を低下させる）、法律戦（国際法、国内法を利用して国際的支持を獲得する）といった「三戦」も想定される。また、戦略的に防御しながら攻撃後に反撃（後発制人）する「積極防御」戦略を伝統的に採用する中国は、昨今の「情報化戦争」の中で先制攻撃重視型に移行しつつあると言われる(6)。

これに対してアメリカは、アメリカ戦略予算評価センター（ＣＳＢＡ）のトーマス・マンケン（Thomas Mahnken）が２０１９年６月の論文で発表した「海洋プレッシャー戦略（Strategy of Maritime Pressure）」のような懲罰的攻撃に代わる防衛的拒否戦略にも注目している(7)。その中で無人システムは、ＣＳＢＡの2つの論文に見られる次のような用法が想定されているのではないか、と考えられる。

1つは、ブライアン・クラーク（Bryan Clark）らによる２０１９年12月の「海を取り戻す（Taking Back the Seas）」である。その中心概念は「身を隠す」である。従来型の水上艦は、強力な電波を発信するため、敵に察知され、目標にされるリスクが高まる。故に同論文は、小型から中型の無人システムを水中、水上／陸上、空中ないし成層圏レベルに漂わせて、敵の動向を同時多方向から静かに探るマルチスタティック・センシング技術を提言している。

しかも、これらの無人システムは偽信号を発信する。ステルス性も併せ持つことで、敵は目標を絞りきれなくなる。そのため、敵は戦闘に至った際に弾薬を著しく損耗する。このように電磁波における放射（emitter）制御と痕跡（signature）管理を適切に利用して、戦いを有利に進める構想をクラークらは提案している(8)。

もう1つは、マンケンらによる2020年4月の「探知による抑止（Deterrence by Detection）」という論文である。その中心概念は「証拠を押さえる」である。これは、アメリカと同盟国が保有する長期滞空型のUAVを用いて違法行為の兆候や証拠を押さえ、国際社会に発信することで正当性を確保し、さらなる軍事行動を抑止することを狙いとする(9)。この手法は、ウクライナ戦争の開戦前にアメリカがロシアによる軍事侵攻の兆候を国際社会にいち早く開示した「開示による抑止（Deterrence by disclosure）」の考えと同様である。また、米統合出版物（Joint Publication：JP）3-0「統合作戦（Joint Operations）」の「紛争連続体（conflict continuum）」に見る、敵対者のエスカレートした活動を抑止する考え方とも類似する(10)。

今回の戦争でウクライナは、空中に漂うUAVや衛星が獲得した情報を軍事作戦や国内外の世論形成のために利用し、著しい戦力格差を跳ね返して長期持久戦を戦った。その効果は、水上や水中の無人システムも加われば、領域横断的に倍加するだろう。無人システムは、高性能ながら従来システムと比べてコストが低下するため、一定空間内に大量投入できる。さまざまな領域で静かに身を潜めた無人システムは、全領域のセンサー濃度を上げて高度な状況認識を作り出し、情報優越を獲得する。情報優越は、国際社会に正当性を訴え、事態の推移を抑制しながら、軍事衝突時に敵をカオスに陥れる強力な武器となる。つまり、長期持久戦の中で三戦に対する防御面と短期的な軍事衝突に備えた攻撃面の強みになる。

こう考えると無人システムは、単体でゲームチェンジャーを目指すものではなく、むしろ「触媒」のようなものと考えるべきかもしれない。各軍種が有する各領域のシステムを連結する、もしくは間隙を埋める統合上の役割は当然ながら、さらにはクラウゼヴィッツなどの伝統的な軍事理論から近年の分散化戦力概念などのさまざまな概念を活性化させる、もしくはそれらを実行した際の効果を増幅させる働きを持つ存在として見るべきではないだろうか。ウクライナ戦争と大国間競争に係る考察から、そのような本質を導き出せる。故に、無人システム、UAVを巡る議論は、技術的なものに留まらず、総合的に行う必要があるだろう。

【註】

（1）小泉悠「実は遅れているロシアの『ドローン』戦略」『新潮社Foresight』、２０１８年４月９日、https://www.fsight.jp/articles/-/4352：小泉悠『現代ロシアの軍事戦略』筑摩書房、２０２１年、48頁。

（2）ディオン・ニッセンバウム「イラン、ロシアにドローン使用訓練開始＝米当局」*The Wall Street Journal*、２０２２年８月11日、https://jp.wsj.com/articles/iran-has-begun-training-russia-to-use-its-advanced-drones-u-s-says-11660149863：「イラン提供の無人機使用：ロシアに46機引き渡し」『読売新聞』、２０２２年８月６日、https://www.tokyo-np.co.jp/article/194320?rct=world。

（3）Craig A. Reed Jr., James P. Rife, "New Wrinkles to Drone Warfare," *U.S. Naval Institute Proceedings*, Vol.

148/1/1,427, January 2022.

（4）Jack Watling, “The Key to Armenia’ s Tank Losses: The Sensors, Not the Shooters,” Royal United Services Institute for Defence and Security Studies（RUSI）, October 6, 2020, https://rusi.org/explore-our-research/publications/rusi-defence-systems/key-armenias-tank-losses-sensors-not-shooters.

（5）"China's military exercises look more like a blockade than 'D-Day type invasion': Ret. Gen. Keane," Fox News, August 6, 2022, https://video.foxnews.com/v/6310538789112#sp=show-clips.

（6）齊藤良「中国積極防御軍事戦略の変遷」『防衛研究所紀要』第13巻第3号、２０１１年3月、25頁。

（7）Thomas G. Mahnken, Travis Sharp, Billy Fabian, Peter Kouretsos, “Tightening the Chain - Implementing a Strategy of Maritime Pressure in the Western Pacific,” Center for Strategic and Budgetary Assessments（CSBA）, May 23, 2019, p. 2, https://csbaonline.org/research/publications/implementing-a-strategy-of-maritime-pressure-in-the-western-pacific.

（8）Bryan Clark, Timothy A. Walton, “Taking Back the Seas: Transforming the U.S. Surface Fleet for Decision-Centric Warfare,” CSBA, December 31, 2019, pp. 26-30, https://csbaonline.org/uploads/documents/Taking_Back_the_Seas_WEB.pdf.

（9）Thomas G. Mahnken, Travis Sharp, Grace B. Kim, “Deterrence by Detection: A key Role for Unmanned Aircraft Systems in Great Power Competition,” CSBA, April 14, 2020, pp. i-ii, https://csbaonline.org/uploads/documents/CSBA8209_（Deterrence_by_Detection_Report）_FINAL.pdf.

（10）U.S. Joint Chief of Staff, *Joint Publication 3-0, Joint Operations*, January 17, 2017, Incorporating Change 1, October 22, 2018, p. Ⅵ-1, https://www.jcs.mil/Portals/36/Documents/Doctrine/pubs/jp3_0ch1.pdf?ver=2018-11-27-160457-910.

おわりに　日本に残された選択肢――「責任ある平和主義」のために

かねてから言われてきたことではあったのだが、ロシアのウクライナ侵略によって日本をとりまく情勢が「差し迫ったものになってきた」ということが、すべての日本人に対して説得力をもつ言葉になった。本書の内容からもそのことを明確に読み取ってもらえたはずである。

問題は、「ではどうするか」である。現時点ですぐに行うべきことを安全保障の観点から言えば次のようなものであろう。日本の防衛力の整備は言うまでもない。それは量的にも質的にもである。国際的にはアメリカとの同盟関係をより強固に進化させていくことであり、それ以外に準同盟国であるオーストラリア、そしてインドも含めたQuad、イギリスをはじめとして欧州諸国との連携など従来の枠組みをより緊密なものにして信頼関係を醸成していくことである。また日本の根本的な国力を高めていくために、停滞が続く経済を競争力のあるものに再生させていくことも不可欠である。日本が今すぐ対処すべきこれらのことは、不完全な部分も少なくないが基本的にそのような方向で動いている。またこれらのことについて特段の異論もないだろう。

次に必要なことは、こうした仕掛けを今後どの程度、踏み込んで推し進めていくことができるかである。言い換えれば、私たち日本人が自分自身と国家の生存の危うさをどの程度、現実的なものとしてとらえ、そのために何が必要で何をしなければならないのかということを、正面から向き合って考え行動することができるかということである。それがなければ「仏造って魂入れず」の格言どおり、現在とられている政策は表面的なものに終始して、実際にはあまり意味をなさないものになってしまうか、あるいはその進展が停滞してしまうことにもなりかねない。

なぜこのようなことを述べるかだが、それはよく知られる次のような調査結果があるからである。それは世界価値観調査（World Values Survey）が２０１７〜２０２０年にわたって、各国で18歳以上の人に対して行ったものである。そこで「もし戦争が起こったら国のために戦うか」という問いに対して「はい」と回答した日本人は13・2％。調査した79ヵ国中で断トツの最下位であった（「いいえ」48・6％、「わからない」38・1％）。なお最も「はい」が高いのはベトナムで96・4％。50％以下の国は20ヵ国しかない。これでは日本に有事が発生したときに、自衛隊はその任務から戦うにしても、他の日本人は見物するか逃げ出すだけだということになる。

ウクライナに対して世界の多くの国々が支援を惜しまなかったのは、彼らがロシアに対して敢然と立ち向かったからである。だが逃げ出す日本に他の国が支援することなど望めない。いくら有事に備えて政府が防衛装備を充実させ、同盟関係を強化しても、国民がこれではまったく意味がない。日本と同様に第二次大戦以降、敗戦国として戦争というものに対して慎重な姿勢を示し続けてきたドイツでさえ、この調査で下から14番目であるものの、44・8％が有事において戦うことに「イエス」と回答している。

これは日本が戦後、いわゆる「平和国家」「平和主義」を唱えることだけに専心する、いびつな国家に変貌してしまっていることを意味している。しかし何もしなければ平和を維持できるはずはなく、それを平和主義というならば、「無責任な平和主義」というべきものであろう。平和を守ることとは、何らかのことがありうることに対して事前に十分な備えをすることであり、外部から自らの平和を破壊するような攻撃があった際には、自らと自らの国家を守るために積極的に行動することである。それこそが本来の平和主義のあるべき姿であり、「責任ある平和主義」である。

「責任ある平和主義」とは、「国益を守る」ということに他ならない。この「国益」という言葉の本来の意味が、日本人に正しく受け止められていないように思う。英訳すればnational interestだが、日本語の「益」が金銭的な損得というイメージでとらえられている感がある。いうまでもなく国家的利益はそれ以外の大きな部分を包括する。国益の定義にはさまざまな表現があるが、私の国益についての理解は「国家・国民にとっての価値と豊かさ、安全を守り、それを毀損させないようにすること」である。国家はそのためであればすべての取りうる手段を排除せずに検討して、最善のものを選択して実行する。そして国益を犯すものに対しては徹底的に闘っていくのである。歴史的に現実を直視してそうしたことを行ってきた国家は、生き残ってきた。ナイーブな日本がこれまで生き残ってこられたのは幸運以外の何物でもない。

それに関連して気になることがある。それは国民全体に漂う沈滞したムードである。単に経済の問題だけではなく、あたかも「自分が弱い国、ダメな国に生まれた」と思い込み、自分の国のありように対して自己評価が低い、あるいは否定的な態度が散見されることである。つまり自信とプライドをもっていないように思えるのである。中国で、中国共産党が自らの無謬を主張し愛国教育を行っていることを真似るべきだと言っているわけではない。しかしながら、外国から褒められないと自国の良さを認識できない傾向の強い日本には大きな問題がある。日本という国家に対する愛やプライドがもてなければ、危機が発生した場合、その危機に立ち向かうという行動が生まれるはずもない。以上のようなことを述べると、日本では警戒心をもたれることが多いようだ。だが、こうした考えは程度の差はあれ、世界におけるスタンダードすぎるほどスタンダードなものだ、ということをあえて言っておきたい。

「台湾有事は日本有事」と言われる。まったく同感である。しかし、その言葉をどれほど直接的かつ自分の問題として日本国民の胸に響かせることができるか。「責任ある平和主義」「正常で健全な国家意識」のための議論を起こし発信を続けていくことこそ、われわれが最も腐心しなければならないものであろう。

最後に、本書にご寄稿いただいた方々には心より感謝申し上げます。

２０２２年11月

石澤靖治

樋口敬祐：拓殖大学大学院非常勤講師。FPC 事務局長。博士（安全保障）（拓殖大学）。防衛大学校，陸上自衛隊，防衛省情報本部分析部主任分析官等を経て現職。著書に，『国際政治の変容と新しい国際政治学』（共著・志學社，2020 年），『2021 年パワーポリティクスの時代』（共著・創成社，2021 年），『インテリジェンス用語事典』（共著・並木書房，2022 年）等。

高橋秀行：2 等海佐。海上自衛隊幹部学校防衛戦略教育研究部戦略研究室員。修士（安全保障）（拓殖大学）。統合幕僚幹部防衛計画部計画課員，岡山地方協力本部募集課長などを経て現職。著書に『インド太平洋戦略の地政学：中国はなぜ覇権をとれないのか』（共訳・芙蓉書房，2022 年），『2021 年パワーポリティクスの時代：日本の外交・安全保障をどう動かすか』（共著・創成社，2021 年）等。

Thomas Oellermann（トーマス・オエレルマン）：独フリードリヒ・エーベルト財団プラハ事務所リサーチフェロー。博士(歴史学)(カレル大学)。ウースチ・ナド・ラベム市コレギウム・ボヘミカムで勤務を経て現職。専門は20世紀のドイツ・チェコ関係史。博士論文として「1918-1938年のチェコスロバキア第一共和制におけるドイツ社会民主党」。

Nuno Morgado（ヌノ・モルガド）：ブダペシュト・コルヴィヌス大学助教授，ハンガリー科学アカデミー外部准研究員。博士（地政学）（カレル大学）。専門は地政学と外交政策。著書に『Geopolitics in the Twenty-First Century, Nova Science Publishers』（共著・Nova Science Publishers，2021年）等。

細田尚志：チェコ・カレル大学社会学部講師。博士（国際関係学）（日本大学）。日本国際問題研究所研究助手，在チェコ日本大使館専門調査員を経て現職。専門は欧州・アジア安全保障情勢，インド太平洋に向けた各国の取り組み。著書に『Geopolitics in the Twenty-First Century』（共著・Nova Science Publishers, 2021年），『Identity, culture, and memory in Japanese Foreign Policy』（共著・Peter Lang Publishers，2021年）等。

渡部悦和：渡部安全保障研究所所長。元陸将。防衛研究所副所長，陸上幕僚監部装備部長，第2師団長，陸上幕僚副長，東部方面総監を経て退官，現在に至る。著書に『自衛隊は中国人民解放軍に敗北する!?：専守防衛が日本を滅ぼす』（扶桑社新書，2020年），『日本はすでに戦時下にある：すべての領域が戦場になる「全領域戦」のリアル』（ワニブックス，2022年），『ロシア・ウクライナ戦争と日本の防衛』（共著・ワニブックス新書，2022年）など多数。

長島　純：防衛大学校総合安全保障研究科非常勤講師。元空将。修士（地域研究）（筑波大学）。ベルギー防衛駐在官，統合幕僚監部首席後方補給官，情報本部情報官，内閣審議官（危機管理・国家安全保障局），航空自衛隊幹部学校長を最後に退官，現在に至る。著書に『デジタル国家ウクライナはロシアに勝利するか？』（共著，日経BP，2022年7月），『ウクライナ戦争と激変する国際秩序』（共著・並木書房，2022年）等。

中川義章：偕行社安全保障研究委員会事務局長兼研究員。修士（原子力工学）（MIT）。元陸将。統合幕僚監部報道官，中部方面総監部幕僚長兼伊丹駐屯地司令，第1師団長，陸上自衛隊研究本部長を経て退官，現在に至る。著書に『ポスト冷戦時代における軍事力の意義』（世界平和研究所，1992年），『核兵器解体』（共著・佐藤誠三郎他，電力新報社，1993年）等。

ロメイ・小百合：マンスフィールド財団（米本部）アソシエイト・ディレクター。博士（国際政治学）（ローマ第三大学）。笹川平和財団米国研究員，スタンフォード大学研究員，ウィルソン・センター研究員，ランド研究所員を経て現職。主な著書に『The legacy of Shinzo Abe: a Japan divided about nuclear weapons』（Bulletin of the Atomic Scientists, 2022），『Nuclear ban treaty offers rare chance for Japan』（朝日新聞，2022），『Suga-Biden summit: Rekindling confidence in the U.S.-Japan alliance』（共同通信，2021）などがある。

宇佐美正行：金沢工業大学国際学研究所長・教授。修士（国際政治学）（青山学院大学大学院国際政治経済学研究科）。早稲田大学法学部卒業後，参議院事務局入局。参議院参事，法制局参事，第一特別調査室長，外交防衛委員会専門員・調査室長などを経て現職。著書に『安全保障と国際関係』（共著・内外出版，2016年），『海洋と国際関係』（共著・内外出版，2019年），『パンデミック対応の国際比較』（共著・東信堂，2022年）など。

Francis Maugère（フランシス・モジェ）：アムステルダム自由大学環境・資源管理修士課程在籍。修士（国際関係学）（リヨン政治学院）。ジョージタウン大学（米国）留学。フランスCIRADでインターンとして国際環境問題に取り組む。専門は仏米関係，大国間競争，北極圏の地政学，環境ガバナンス。修士論文として「北極圏における米国の戦略：変化する北極圏で米国の超大国がとるべき戦略とは？」。

Hippolyte Milet（イポリ・ミレー）：米テンプル大学政治学部博士課程在学中。修士（国際関係論）（カレル大学）。リヨン政治学院及びジョージタウン大学（学士）。専門は欧米の戦略・安全保障関係。修士論文として「F-35の産業，戦略，外交政策上の重要性」。

Vaclav Kopecky（ヴァーツラフ・コペツキー）：チェコ・カレル大学講師（中国と中欧諸国），公共政策コンサルタント。修士（現代中国研究）（ノッティンガム大学）。国際問題協会（AMO）研究員を経て現職。専門は中国と中欧諸国の関係，中国の外交政策イニシアチブ，中国の環境政策。

Emma Nikander（エンマ・ニカンデル）：フィンランドのオウル大学人文学部在籍。現在，チェコの西ボヘミア大学に留学中。専門は欧州思想史。

≪著者紹介≫（執筆順　※は編著者）

※川上高司：拓殖大学海外事情研究所教授，FPC 理事長。大阪大学博士（国際公共政策）。フレッチャースクール外交政策研究所研究員，中曽根世界平和研究所研究員，海部俊樹総理政策秘書，ランド研究所客員研究員，防衛研究所主任研究員，北陸大学教授を経て現職。著書に『インテリジェンス辞典（編集）』『核兵器の拡散（監訳）』『米軍の前方展開と日米同盟』『「無極化」時代の日米同盟（単著）』『「新しい戦争」とは何か』『パンデミック対応の国際比較』など多数。

※石澤靖治：学習院女子大学教授・元学長，FPC 副理事長。博士（政治学）（明治大学）。ハーバード大学国際問題研究所フェロー，ワシントンポスト極東総局記者，ニューズウィーク日本版副編集長，学習院女子大学助教授を経て現職。著書に『テキスト現代ジャーナリズム論』（ミネルヴァ書房，2008 年），『アメリカ 情報・文化支配の終焉』（PHP 新書，2019 年），『政治コミュニケーション概論』（編著・ミネルヴァ書房，2021 年）など。

※蟹瀬誠一：国際ジャーナリスト，明治大学名誉教授，FPC 理事。上智大学文学部卒業後，米 AP 通信社記者，仏 AFP 通信社記者，米 TIME 誌特派員，TBS『報道特集』キャスター，明治大学国際日本学部長を経て現在に至る。著書に『km（国際自動車）はなぜ大卒新卒タクシードライバーにこだわるのか:「人財育成」で業界を変える！』（ダイヤモンド社，2017 年），『男の「定年後」を死ぬまで幸せに生きる方法』（WAVE 出版，2018 年），『ドナルド・トランプ：世界最強のダークサイドスキル』（プレジデント社，2019 年）など多数。

近藤大介：講談社特別編集委員，『現代ビジネス』中国問題コラムニスト，明治大学国際日本学部講師（東アジア国際関係論）。修士（国際情報学）（日本大学大学院総合社会情報研究科）。東京大学教育学部卒業後，講談社に入社。講談社北京副社長を経て現職。著書に『ファクトで読む米中新冷戦とアフター・コロナ』（講談社現代新書，2021 年），『台湾 vs 中国 謀略の 100 年史』（ビジネス社，2021 年），『ふしぎな中国』（講談社現代新書，2022 年）など多数。

富坂　聰：拓殖大学海外事情研究所教授。北京大学中文系中退。週刊ポスト，週刊文春の記者を経てフリージャーナリストとして独立。2014 年より現職。著書に『感情的になる前に知らないと恥ずかしい中国・韓国・北朝鮮Q＆A』（講談社，2018 年），『「米中対立」のはざまで沈む日本の国難：アメリカが中国を倒せない５つの理由』（ビジネス社，2019 年），『「反中」亡国論』（ビジネス社，2021 年）など多数。

（検印省略）

2022年12月25日　初版発行　　略称 — 野蛮の時代

2023年 野蛮の時代
— 米中激突第2幕後の世界 —

編　者　外交政策センター
編著者　川上高司・石澤靖治・蟹瀬誠一
発行者　塚田尚寛

発行所　東京都文京区
春日2－13－1　株式会社　創成社

電　話　03（3868）3867　ＦＡＸ　03（5802）6802
出版部　03（3868）3857　ＦＡＸ　03（5802）6801
http://www.books-sosei.com 振　替　00150-9-191261

定価はカバーに表示してあります。

ISBN978-4-7944-4088-4 C3031
Printed in Japan

組版：スリーエス　印刷：エーヴィスシステムズ
製本：エーヴィスシステムズ
落丁・乱丁本はお取り替えいたします。